红十字运动 传承与发展

HONGSHIZI YUNDONG CHUANCHENG YU FAZHAN

江苏省红十字会　编

东南大学出版社
SOUTHEAST UNIVERSITY PRESS
·南京·

图书在版编目(CIP)数据

红十字运动传承与发展／江苏省红十字会编. 一南京:东南大学出版社,2013.9

ISBN 978-7-5641-4565-1

Ⅰ.①红… Ⅱ.①江… Ⅲ.①红十字会一工作一文集 Ⅳ.①C913.7

中国版本图书馆 CIP 数据核字(2013)第 224583 号

红十字运动传承与发展

出版发行	东南大学出版社
出 版 人	江建中
社　　址	南京市四牌楼 2 号
邮　　编	210096
经　　销	新华书店
印　　刷	江苏兴化印刷有限公司
开　　本	700 mm×1000 mm　1/16
印　　张	9.5
字　　数	148 千字
书　　号	ISBN 978-7-5641-4565-1
版　　次	2013 年 9 月第 1 版
印　　次	2013 年 9 月第 1 次印刷
定　　价	22.00 元

(本社图书若有印装质量问题,请直接与营销部联系,电话:025—83791830)

目　　录

国际运动　中国特色

——代序

吴瑞林

国际红十字运动走过一个半世纪的风雨历程，进入中国也已跨越百年，在中国人道领域谱写了光辉的历史篇章。几乎与全国同步，从1904年起，江苏境内就开始建立红十字组织并开展活动，成为中国红十字运动发祥地之一。人民的新中国建立之后，红十字事业走过了一段曲折的成长道路。改革开放以来，江苏省红十字会以救灾、救助、救护和无偿献血、捐献造血干细胞、捐献遗体和人体器官（组织）为重点，广泛动员社会各方力量，积极拓展人道服务领域，办了大量实事善举，得到社会各界的高度肯定和大力支持，为经济社会发展作出了重要贡献，成为当地政府在人道工作领域的得力助手。

时代发展到今天，我们的红十字事业已成为中国特色社会主义事业的重要组成部分。如何将"国际运动、中国特色"的本土红十字事业不断推向前进，我们面临着许多新课题、新挑战，迫切需要从实践到理论不断予以突破与创新。

加强红十字理论研究，将实践中探索的好做法、好经验升华固化，指导红十字事业的改革、创新和发展，具有十分重要的现实意义，这已成为我们的共识，也是江苏省红十字会的一项新的工作任务。诸如，需要不断顺应经济社会发展的新环境和新任务，研究职能定位，把握核心业务；需要立足国情和组织特点，推动改革创新，不断完善红十字会组织机构和内部治理结构；需要重视社会关切，适应新媒体时代，推动业务、管理创新，扩大信息公开透明；需要加强能力建设，探索实践红十字事业发展的人才保障机制……

红十字运动、红十字会工作，对于人民、对于社会、对于执政党的执政基础、对于人类的文明进步事业，均为正能量。"理论是灰色的，实践之树常青"，实践总是走在理论前面。理论从哪里来？法律法规从哪里来？行政规章从哪里来？都只能从实践当中得来。实践——理论——实践——再理论——再实践……这才是一个正确的良性循环。

遵循理论联系实际规律，2012 年，江苏省哲学社会科学界联合会和省红十字会共同面向社会公开发布了《红十字理论与实践研究学术论文选题》，征集了研究成果和论文 150 余篇，从中评选出获奖论文 17 篇。这些研究成果，有的探讨当前热点难点问题，大胆突破，具有一定的导向性；有的梳理提炼实践经验，反映了基层红十字工作的探索与收获；还有的突出理论与实践的结合，勇于尝试和创新，具有一定的可操作性。本论文集集中展示了这些成果。

当前，我们迎来了红十字运动在中国的又一战略机遇期。在经济转轨、社会转型的关键阶段，解决经济社会发展中不平衡、不协调、不可持续的问题，迫切需要进一步加强和创新社会管理，更好地发挥红十字会这一中国最大的社会公益组织的积极作用。去年，国务院出台的《关于促进红十字事业发展的意见》，明确了未来红十字事业发展与改革的理念、目标、任务、路径及保障措施，中共江苏省委、省人民政府也相应发出了《关于进一步促进红十字事业发展的意见》。现在，大政已明，关键在做。我们要围绕贯彻落实这两个《意见》，深入调查研究，加强理论引领，准确研判形势，推动工作创新，传承好"人道、博爱、奉献"的红十字精神，发展好"国际运动、中国特色"的红十字事业。

在经济领域，我们大体经历了对发达经济体的追赶、模仿阶段，而要朝向追逐中华民族新一轮伟大复兴的中国梦迈进，则必须经历赶上、超越的新阶段，此时靠谁都靠不住，唯有靠自己，靠自主创新、自创本土经济学理论、开创新的实践通道。在社会领域，由于社会制度、意识形态的差异，更加需要有自己的独特实践与创新理论。中国特色的红十字理论，乃至全社会的大公益理论无疑将成为社会发展理论的重要组成部分。目前，我们在这方面还较多地处于对过往历程的追溯、梳理与研究，急需更多地转向现实、面对未来。

我们尚未成功，大家仍需努力。

2013 年 9 月 21 日于南京

红十字会职能的科学定位与有效履行

孟纬鸿

2011年的“网络风波”让中国红十字会伤得很重。对于这次“误伤”，我们可以喊冤叫屈，也可以斥责网络暴力，但有一个源于我们自身的风险因素是不容小视的，那就是在过去的若干年中，红十字会职能定位与职责履行上的“偏跑”现象，重外延扩张，轻内涵发展，渐失个性特色，使得一个国际人道主义大家庭中的重要成员沦为百姓心目中一个普通的慈善组织，而且还做得不够专业。进入后危机时期的中国红十字会有必要在这方面做一些更加理性的思考，找到更为科学务实的定位，以便更好地适应经济社会发展的新环境，这关系到中国红十字事业发展的根基和取向。本文就怎样科学定位红十字会机构与职能，以及如何切实有效地履行职责谈几点看法。

一、职能运行的偏差

《中华人民共和国红十字会法》第十二条明确了红十字会的七项职责，概括起来包括“三救”：救护、救灾、救助；“五捐”：捐款物、捐血液（参与宣传表彰）、捐骨髓、捐器官、捐遗体；特设职能：红十字青少年工作、红十字志愿服务、宣传筹资、红十字运动传播、社区服务、民间外交和国际合作、台港澳事务，以及其他符合人道宗旨的工作。应该说，红会法所设定的这些职责都是符合国际红十字运动的宗旨和目标的，但“高”、“大”、“宽”的先天缺陷也是显而易见的，这与红十字会的实际承载能力不相匹配；更为严重的是在实际运行中又进一步放大了这些缺陷，表现为职能运行上的错位、越位和不到位，进而淡化了红十字会的组织特色，并衍生出专业化水平不高以及社会认知度不够等问题。

一是职能错位。即偏离了原来的或应有的位置，出现职能混乱打架。表现之一是"过度"履职，如红十字会在本不属于主体职责的"救助"领域的外延扩张，并没有带来应有的赞赏，特别是在筹资方式上的趋同化操作与恶性竞争让社会反感。在"慈善一日捐"成为品牌之后，不少部门和组织都希望依托行政强势走一条较为"省力"的募捐捷径，以至于出现以组织或项目冠名的各种"××一日捐"，这就难免让"抓得住"的人成为"被捐赠"对象；一些地方红十字会也是"东施效颦"，采用这一形式募款，给社会造成红十字会也只是众多普通慈善组织之一的错觉。表现之二是无效扩张，进入职能以外的其他领域，结果"种了别人田荒了自己地"，淡化了核心业务，占了"地盘"，丢失个性，顾此失彼。

二是职能越位。作为党和政府人道工作领域助手的红十字会，却在某些时候或某些工作上犯糊涂，错把"助手"当"主角"，自作多情地做一些力所不能及或出力不讨好的事。国际红十字运动"保护人的生命和健康"的崇高宗旨和"改善最易受损害群体的境况"的宏大目标非常神圣，令人振奋，但我们如果完全以此为依据去定位职能，超越自身能力拓展职能，担当"救世主"角色那就明显越位！我们不可忽视红十字会作为政府人道领域的"助手"身份。

三是职能不到位。即职责内的事没干好或没有充分尽职，表现为"三个缺乏"：①独特职能缺乏特色，主要是国际交流、国际合作、国际援助及民间外交、人道传播、查人转信等职责没有得到充分履行，这些工作做好了，完全可以从一个独特的层面为中国的国际形象加分；②传统职能缺乏影响，如救护培训、生命工程、志愿服务、青少年工作等缺少应有的制度保障和政策支持，影响力不够；③救助职能缺乏品牌，做得不够专业，在全国范围内有影响的项目很少，这与红十字组织的悠久历史和社会地位极不相称。

职能的错位、越位和不到位其实是一个问题的不同表现形态，这些问题的出现有历史、现实及体制的原因，我们没有用发展的眼光看待社会的发展变化，尤其是在社会建设亟待加强，社会组织数量快速增长，专业化运作水平不断提高的今天，红十字会的职能定位将直接影响功能的发挥。

二、职能定位的思辨

职能一般包括机构所承担的任务、职权、作用等内容。红十字会的职能定位关系到红十字事业的科学发展和可持续发展。《中华人民共和国红十字会法》第四条规定：中国红十字会遵守宪法和法律，遵循国际红十字和红新月运动确立的原则，依照中国参加的日内瓦公约及其附加议定书和中国红十字会章程，独立自主地开展工作。也就是说中国红十字会是国际、国内双重赋权的人道工作机构，二者不可偏废！在国内，切实担当党和政府人道主义领域的得力助手，在国际上按照日内瓦公约履行缔约国的国际义务。因此，红十字会需要进一步转变发展思路，科学定位职能，从“大而全”走向“专而精”、“独而特”，要按照党政支持、百姓需要、红会所能、内外兼顾的履职原则，依法履行国际国内双重职责，在以下四个方面发挥独特作用。

一是政府不便出面的工作。如回避政治、民族、宗教等方面的敏感问题，在国际上发挥民间外交优势，通过国际人道救援与救助、国际合作与交流等方式，以民间外交形态打开非官方通道，发挥特殊作用；在台港澳工作，特别是台湾事务中通过人道服务与合作促进两岸交流。

二是政府不宜出面的工作。包括那些为了回避行政干预之嫌疑，由红十字会从人道主义精神出发动员组织开展的志愿行动，包括动员献血，开展捐髓、捐遗体器官组织等工作，以及动员社会力量参与灾害救援救助等，这些都是红十字会的人道职责和组织优势所在。

三是政府公共政策覆盖不到的部位。红十字会通过募集与救助实现社会财富的"三次分配",在帮助那些因个体原因,政府公共服务或社会保障体系覆盖不到或力所不及,处于社会最底层、最困难、最易受损害的特殊人群方面,作为社会稳定的最后一道"安全网"发挥着重要的补充作用。

四是社会文明公民责任的倡导引领。发挥人道主义价值观在社会主义核心价值体系中的积极作用,大力传播红十字运动和人道理念,凝聚社会爱心,倡导社会责任,推动精神文明建设,建构独特的红十字文化,并使之成为社会主义核心价值体系的重要构成。

三、机构性质的讨论

目前,对于红十字会是一个什么样的组织机构,不仅社会上众说纷纭,就连红十字会行业内也不统一,还在为"民间"或"官办"而纠结,而且有些说法很值得商榷,这是一件挺尴尬的事。其实,厘清这个问题并不复杂,只需对红十字运动的国际背景、中国红十字会所承担的职责和发挥的作用做一些深入考察,就能找到正确的答案。

首先,中国红十字会是承载特殊使命的社会团体,政府支持资助红十字会是国际惯例。目前,全球有 194 个国家成为日内瓦公约缔约国,各国政府代表团与本国红十字会一并出席每四年召开一次的红十字与红新月国际大会,这种内在联系使得各国政府支持资助红十字会开展工作成为国际惯例。当然,由于国情不同,采取的方式也不尽相同,有通过立法保障的,有政府直接支持资助的,有依靠会费运行的,有依托血液事业增值提供经费的。在我国,县以上红十字会专职人员参照公务员管理,由政府提供人员工资和业务工作经费,这是中国政府支持资助红十字事业的特殊形式。因此,中组部、人事部关于印发《工会、共青团、妇联等人民团体和群众团体机关参照〈中华人民共和国公务员法〉管理的意见》(组通字〔2006〕28 号)明确红十字会办事机构纳入群团机关序列,人员参照公务员法管理。这样就可以保证各级红十字会更加专注于人道事业，而不必在募集款物中列支人力资源等成本，进而使红十字会的社会公信度更高。

其次，红十字会是履行政府人道工作助手职责的公益机构，而非一般意义的慈善组织。民政部社会福利和慈善事业促进司一位官员也认为，公益与慈善的来源不同，慈善的源泉来自个人的奉献，慈善组织是民间人士或民间资本兴办的从事慈善事业的专门机构；而公益即公共利益，来源是公共领域，强调政府、国家的权力与责任，如政府举办的社会福利、教育、卫生、体育、环保等方面的专业机构称为公益组织，也包括政府资助的残联、红十字会等。事实上，红十字会作为政府人道工作的助手，除承担一定筹资救助的慈善职能外，需要承担大量政府不便出面或不宜出面的国内和国际人道工作任务，绝非一般意义上的慈善组织。

第三，中国红十字会不是民间组织亦非官办机构，但在国际外交时表现为民间形态。作为受国际红十字组织和国家双重赋权，承担相关国际义务和国内人道工作的中国红十字会，是党和政府在人道工作领域的得力助手，担负着不可替代的特殊使命和独特职能。我们不能认为有政府支持资助就说它是官办（如果成立，那世界各国红会大多可称"官办"），也不能因为在国际交流合作中表现为民间形态就说它是民间组织；而且，我国社会目前也不可能有一个成熟的、纯粹的民间组织承担这些特殊职能和使命。我们需要摒弃那种非官即民、非民即官的二元思维定势，以务实的态度对待红十字会的独特身份。

第四，红十字会有别于各类"基金会"，去行政化的提法并不妥当。随着我国对外开放的深化，全国县以上红十字会管理体制基本理顺，绝大多数已从行政部门独立出来，作为人民团体单独设立，已不再是行政机构，也就无所谓去行政化；另一方面，随着中国经济社会发展变迁，官办慈善组织需要去行政色彩，依靠行政资源开展筹款的模式需要淡出，官办慈善职能，尤其是各类基金会回归民间是大趋势。之所以有人提出红十字会去行政化的问题，实际上是误读了红十字会的职能职责，是把红十字会看做一般意义的慈善组织或基金会所致，这显然是不妥当的。相反，在加强和创新社会管理的背景之下，红十字会应当成为一个枢纽型社会公益组织。

基于上述讨论，笔者认为，中国红十字会就是一个由国际红十字组织和国家双重赋权的、从事人道主义工作、承担特殊使命和独特职能、得到政府资助的社会团体。专职工作人员参照公务员管理是参照国际通行做法、符合中国国情的政府支持资助红十字事业发展的有效形式。我们不应简单化地将红十字会归类于民间组织或官办机构。

四、职能履行的技巧

面对红十字会职能宽泛而资源不足的现实，我们在履行职能时必须分清主次，突出重点，内外兼顾，彰显特色，既要考虑红十字会的宗旨、使命和组织能力，也要考虑社会需求和政府及其他社会组织的供给情况等诸多因素，避免“胡子眉毛一把抓”。要加强社会动员，注意借势发力，着力打造红十字会的核心竞争力，实现可持续发展。

一是个性化发展。个性化是指某一事物的独特性，对一个组织或机构而言，就是它的特质；红十字会的特质就在于她的人道理念、国际背景和承担政府“为难”之事。这种个性就是我们的优势，也是其他组织不具备的功能，需要张扬，做成精品，彰显特色。如台港澳事务中的独特作用；围绕生命工程实施的急救、捐髓、捐人体器官、捐组织，这些拯救他人生命的崇高行动，可以触动人们心中最柔软的部分，进而催生更多的人道行动；再如，在政府应急管理体系中也可以有更大作为，通过普及应急救护知识技能，提高全社会防灾减灾意识、提高公众自救互救能力，平时防灾备灾，灾时救助救援等。

二是差异化竞争。研究差异，在于防止组织功能同质化，避免恶性竞争，最典型的就是社会救助工作，参与的组织和团体很多，暴力慈善、恶性竞争、形式主义等现象呈蔓延之势。如何规范，我们习惯于由政府“切蛋糕”，这也是一个管用和简易的办法，但从长远发展考虑还在于完善规则。对红十字会而言，社会救助虽不是主体职能，但作为人道组织，我们有责任参与，并且要做得更专业。如何做？我认为差异化发展、项目化运行、品牌化提升是一个基本思路，要在“专、精、特”上下工夫，突出两端，一端是社会精英参与的塔尖慈善，做成品牌；一端是人人可为的“微”公益行动，做出影响。

三是社会化动员。红十字事业是一项造福人类的崇高事业，是全社会参与的人道行动，社会动员是一个基本方法，也是一种社会影响力。一方面，要强化红十字会的传播功能，弘扬“人道为本、博爱为怀、奉献为荣”的红十字文化，将以人为中心，尊重人性、人的尊严和自由意志等价值观与中国传统文化中的慈善理念融会贯通，并上升为一种社会主张和核心价值，巩固群众基础、营造社会环境。另一方面，要建立包括宣传筹资、资源配置、志愿服务、理念传播、社会监督、组织合作等在内的社会化工作机制，强化社会动员，既要重视体制内的、依托职能机构的组织化动员，又要强化基于市场机制的、利用各类传媒的社会化动员，借势造势，合作发展，引导社会各界力量投身红十字人道事业。

四是国际化合作。中国红十字会作为国际红十字运动的重要成员，以民间外交形态加大对外工作力度，不仅是职责使然，而且是扩大国际影响，提升国内地位的展示舞台。要以更加开放的视野、开阔的胸襟、开明的姿态，做强国际人道援助，扩大国际交流合作。随着中国的崛起，我们有能力作为援助国承担更多的国际人道职责，而且通过红十字会这个特殊通道可以用较小的投入获得有效的形象提升，展示一个开明的、负责任的大国风采；红十字会需要积极争取政府支持，主动作为，有为才有位。要拓展合作交流空间，突出双向互动，坚持引进国外项目资金、先进理念、管理模式与输出中国文化、中国元素并重。此外，国际工作也不只是总会的职责，要组织带动地方分会整体参与。

红十字会职能定位是关系红十字事业长远发展的一项十分重要的基础性工作，需要高度重视和深入研究，还需要因时因势调整应对。在当前全面推进社会建设，加强和创新社会管理的新的历史时期，红十字会要在找准职能定位的同时，进一步苦练内功、提升能力，健全制度、完善机制，夯实基础、振奋精神，为中国红十字事业灿烂辉煌的明天而倾力奉献。

（作者单位：南通市红十字会秘书长）

红十字文化与社会主义核心价值体系的辩证关系

徐志成　常　康　黄良才　窦迎华

红十字会作为弘扬国际主义、人道主义的社会组织，成立150多年来，在救死扶伤、扶危济困、敬老助残、助人为乐等方面发挥了重要的社会作用。它替政府分忧，为群众解难，深受世界各国人民的普遍欢迎。同时，作为人口最多的大国在世界东方崛起，社会主义制度是中国国家建设的根本保障。因此我们考察红十字文化和社会主义核心价值之间的关系，分析它们之间的相互作用就具有重要的现实意义。

作为一种文化，红十字文化集中体现在红十字会的性质、宗旨和原则中。1993年10月31日，我国第八届全国人大常委会第四次会议通过的《中华人民共和国红十字会法》把中国红十字会的性质定义为“全国统一的红十字会组织，是从事人道主义工作的社会救助团体”，并明确了中国红十字会宗旨为“保护人的生命和健康，发扬人道主义精神，促进和平进步事业”。红十字会遵循人道、公正、中立、独立、志愿服务、统一和普遍等七大原则，从文化哲学的视角看，其文化的核心话语是“人道主义”。红十字文化包括由人道主义发展出的一系列的文化手段和措施，因此，弄清楚“人道主义”是了解红十字文化的关键。

再来看社会主义核心价值。马克思曾经指出，“至今一切社会的历史（确切地说，这是指有文字记载的历史）都是阶级斗争的历史”。

因此，在具体社会制度下具有价值取向的社会意识——社会核心价值体系，必然是统治阶级意志的体现。在我国，社会主义是根本的政治制度，无产阶级是领导阶级，它代表着最广大人民群众的利益，同时也代表着历史的发展方向。所以，无产阶级的社会主义核心价值体系，在社会主义文化发展中必然占有绝对主导地位。中国共产党十六届六中全会通过的《中共中央关于构建社会主义和谐社会若干重大问题的决议》强调："建设和谐文化，是构建社会主义和谐社会的重要任务。社会主义核心价值体系是建设和谐文化的根本"。社会主义核心价值具体可以概括为：马克思主义指导思想，中国特色社会主义共同理想，以爱国主义为核心的民族精神和以改革创新精神为核心的时代精神，社会主义荣辱观等四项基本内容。从文化哲学的视角看，在四项基本内容中，最核心的就是马克思主义指导思想和中国特色社会主义共同理想。

从上面的对比中我们可以明确地看到，社会主义核心价值体系与红十字文化的价值指向，都是服务于我国社会主义和谐文化建设的，只不过前者是根本、基础，后者则是和谐文化的重要组成部分、建设平台。因为人道、博爱和奉献的红十字精神的价值诉求就是最大限度地减轻人类的灾难，惠及普通百姓，所以我们在分析红十字文化与社会主义核心价值体系辩证关系之前，简要回顾两种文化形态形成的文化渊源、中国对两种文化的必然选择和科学结合就成为解答整个问题的必要前提。

就红十字文化精髓的渊源看，可谓源远流长，它的理论体系形成于西方，但它的文化内涵和精神实质则在人类历史长河中不断被丰富和完善。

我们知道，作为完整形态的人道主义，产生自西方，然而和社会主义核心价值体系一样，人道主义在中国传统文化中也是源远流长的。中国文化表现出浓厚的伦理型，它和其他民族的文化一样是从原始宗教中分化出来的。商周之际在中国文化发展史上具有划时代的意义，那是我国文化繁荣的开始，西周初年的周公改制，将夏商时期的上帝观念，改为“天命”——上天授命思想，而上天授命的依据则是统治阶级“以德配天”，也就是要求统治阶级时刻关注民心的向背。这次文化上的改制变革，铸就了中国文化对人的重视的传统，以后中国传统文化儒、释、道三家始终坚守着这个传统。比如儒家创始人孔子除了提出“仁者爱人”思想外，他对人的关注超过对天、物的关注。孔子强调“食色，性也”，“性相近，习相远”，“子不语怪力乱神”，在马棚失火后，先问有没有人受伤等，表现出对人的关怀。后来的孟子更把“仁、义、礼、智”作为先天的人性固定下来，宣传仁爱是人天生的善性之一。比孔子稍后的墨家更是提出了“兼相爱，交相利”的无差别的博爱思想。道家除了全性葆真，以求人的长生久视（后来成为道家的一项重要的修炼功课），也突出对人的关怀，老子更是以水喻道，提出“上善若水，水善利万物而不争”的博爱思想。佛家以慈悲为怀，三世轮回、普度众生的宗教教理也是对人、人生的极力关注，展示的也是一种博大的爱，尽管它是宗教终极关怀意义上的一种宗教信仰，没有现实的途径，但是佛教文化和儒家、道家（道教）文化作为中华民族的传统文化，处处张扬着对人、人世的价值的肯定。后来，博爱思想和人道精神经过封建道学家的改造，在北宋张载那里发展成为了“民胞物与”的天人合一的博爱思想。南宋永嘉、永康学派的“事功”哲学，尤其是明中叶以后以泰州学派为代表的启蒙学派，更把“百姓日用”的事功上升到“道”的高度，把博爱和人道紧紧结合到一起，为中国的人道主义启蒙思想注入了新鲜的血液。

我们再从西方文明发展史来审视作为红十字文化精髓的人道主义和马克思主义的文化渊源。

马克思主义发源于西方，是在批判地继承西方两千多年思想文化传统基础上发展起来的，也包括西方的人道主义精神。人道主义发萌于古希腊，自普罗泰戈拉提出“人是万物的尺度”后，人在自然中的地位开始被思想家们所重视，并实现了所谓早期自然哲学到人本主义哲学的转变。这种转变，突出了对个人的人格、自由、幸福和美德的研究，从而直接导致雅典奴隶制和文化的繁荣。后来，在古罗马思想家西塞罗那里，人道主义（人道精神）更被发展成一种能够促使个人的才能得到最大限度的发展的教育制度。这些西方的传统，被文艺复兴扬弃（哲学上的扬弃又叫批判地继承）了，同样也被后来的马克思主义所批判继承。

在中世纪千年的宗教黑暗专制中，古希腊人本主义哲学失去了昔日的光彩，成了宗教神学的牺牲品，人的价值和尊严在上帝面前消失殆尽。14 世纪开始，随着资本主义制度在西欧的萌芽，为了摆脱经院哲学和教会思想的束缚，当时的思想家们从古代希腊的文化中找到了灵感，于是打起了文艺复兴的大旗，鼓吹对自然和人的重新发现。这就是当时所谓的人道主义的兴起，文艺复兴通过对人和自然的发现，提倡关怀人、尊重人、并确立了以人为中心的一种早期资产阶级的世界观，这种人道主义是早期资产阶级反对封建、宗教统治的主要武器，为资本主义制度和文化的发展奠定了基础。马克思主义思想体系虽然在对资本主义制度批判的基础上实现了革命性的变革，但是丝毫也不影响马克思主义对文艺复兴伟大传统的认可和继承。

再后来，18 世纪法国资产阶级革命时期曾把这种人道主义的原则具体化为“自由”“平等”“博爱”的口号。人道主义作为一面旗帜成为资产阶级思想体系的重要内容，在资产阶级初兴和上升时期，它更广泛地反映在哲学、政治和文学、艺术等方面，在反对封建思想、建立资本主义制度的过程中，都起过积极的作用。

然而，随着历史的发展，在资产阶级政权确立以后，人道主义作为资产阶级的世界观和历史观，也就逐渐失去了昔日的生机和革命性，并向两个方面逐渐演化：一是由于西方传统主客体二元对立的思维传统，导致人与自然的畸形对立，形成人类中心主义，最终产生灾难性的后果。二是由于人道主义作为一种社会意识，始终具有两面性，即具体的时代性和抽象性。所谓人道主义的具体时代性，是指不同时期的人道主义，必然具有当时社会统治阶级意识形态的特点，奴隶主阶级提倡的人道主义，必然只能在奴隶主阶级内部最大限度地实行人道，而资产阶级提倡的人道主义也只可能在资产阶级内部实现充分的人道主义——资本利益的最大化。由此，人道主义在西方后来成为资本主义向别国渗透的原始帮凶，“博爱”也成了资产阶级推销价值观的遮羞布。从文化的发展来看，所谓人道主义的抽象性是指作为资产阶级意识形态的人道主义，由于受到资本主义社会制度的限制，导致自由、平等、博爱流于形式，成为虚假的空口号，在现实中找不到出路。这里我们要清醒地看到，人道主义在西方兴起时，它的社会历史作用是积极向上的、革命的，因为它代表着历史发展的方向，在承认个人价值的同时还重视人的社会价值的实现，这一积极要素后来也被马克思主义人道主义所吸收。在西方，人道主义只是在后来才变成思想家们研究的对象，成了资本主义社会空洞的、超阶级的说教，从而逐渐失去了其应有的社会价值。

19 世纪 40 年代，马克思、恩格斯在批判继承以往历史文化的基础上，结合当时无产阶级运动的实践，创立了马克思主义世界观和方法论，才将资产阶级虚幻、空想的人道主义推向前进。所以从思想的文化起源上看，红十字文化的精髓——人道主义和马克思主义之间是同源的，具有共同的文化价值取向——服务于绝大多数人的解放事业。需要强调的是，马克思主义的人道主义，超越了资产阶级狭隘的人道主义，并为真正的、科学的人道主义在人类的实现中找到了最具体、最现实也是最科学的结合点——社会主义制度。可以说马克思主义的人道主义的重要价值之一，就是它立足于人的全面发展，将积极向上的人道主义与社会价值、社会实践结合起来，使人道主义具有更大的开放性、大众性、革命性、科学性和社会性。

我们知道，任何形态的文化都是在历史上产生的，各自具有特定的理论文化渊源。西方的红十字文化与马克思主义在思想文化渊源上具有同源性；同时，各种文化形态由于社会制度的不同，在特定的社会历史形态中所起的作用又是不一样的。红十字文化起源于西方资本主义世界，但它发展壮大于全世界不同的社会形态里。社会核心价值体系，在一个主权国家是指决定该国社会制度的根本指导思想、选择的社会道路和本国的文化传统。由于不同社会制度的国家所拥有的社会核心价值都是一元的，所以不同国家的核心价值体系必然影响着该国红十字文化发展的内容和方向。我国是社会主义国家，马克思主义是社会制度的根本指导思想，社会主义是我国的根本政治制度，因此，我国的红十字文化发展始终不能脱离社会主义核心价值体系，一旦它偏离或者脱离了，作为文化它就会失去民族文化传统和时代精神的滋养、哺育，成为悬浮在空中的文化理念，缺少进一步发展的根基，最终只能成为无源之水而干涸；从实践层面说，作为红十字组织，如果缺少了社会核心价值体系的指导，也将失去政府、民众的认同和参与，从资金的筹备和人员的参与及活动领域等多层面失去物质的保障，最终将完全变成游荡在社会中无根的、狭小的民间组织而走向萎缩。

由上述的历史回顾和简要分析，我们可以得出如下结论：

第一，红十字文化的核心——人道主义作为一种理论体系、一种特定的世界观，它产生、发展、体系化自西方，但在中国文化土壤中也有现实的基础和历史文化的因素，同时它正服务于我国社会主义现代化建设的实践，成为我国构建和谐社会的重要文化因素。

第二，在我国，红十字文化并不是西方一般意义上（即资产阶级）的意识形态文化，而是马克思主义指导下，超越了资产阶级狭隘性的，以社会主义的人道主义为核心的文化。红十字文化和马克思主义作为科学的社会意识，在中国的最佳契合点就是共同服务于我国的社会主义制度。

第三，在我国，红十字文化和社会主义核心价值体系之间的辩证关系是：红十字文化属于社会主义精神文明建设的重要范畴。红十字文化和运动促进、丰富、融合于社会主义核心价值体系建设，是社会主义核心价值体系建设的有机组成部分，为发展当代马克思主义理论形态提供重要的实践场所和理论要素。马克思主义指导下的社会主义核心价值体系则是引领、指导红十字文化和运动科学发展和顺利开展的根本指导和主流文化保障。

上面的考察仅仅从两种类型的文化各自提取一个核心要素来分析两者之间的关系，这是为了集中笔墨深入探讨，至于以人道主义为核心的红十字文化所演绎出来的博爱、平等、普遍等等，无一不是如此，如果脱离了现实的社会制度和社会核心价值的引领，它们在现实中就无法实现，都会流于形式，最终最多成为乌托邦式的幻想或者信仰。

（作者单位：泰州市东西方文化研究院）

苏州市红十字会“诚善”救助计划运营研究

课题组

近年来，贫困学生群体的上学难问题成为社会突出的矛盾。有数据显示，我国在校贫困生的比例为20%，其中特困生比例则接近5%～10%。目前在九年义务教育中，国家出台了“两免一补”的政策，义务教育阶段因贫困辍学的问题得到解决；高等教育也逐步形成了以奖学金、助学贷款、勤工助学、特殊困难补助和学费减免为主体的、多元化的资助贫困大学生的政策体系。但是仍然存在缺口，在这种情况下，慈善事业成为一支重要力量。苏州市红十字会“诚善”救助计划就起到了这方面的作用。

一、组织运营

“诚善”计划是由苏州市红十字会、苏州人家大酒店、苏州阳光新地置业有限公司共同倡议发起，于2006年1月20日正式启动。该计划以救助贫困学生为主要任务，从2006年成立至今，筹集善款200余万元，资助了数千名贫困学子完成自己的学业梦想。同四川内江、贵州安顺等地红会合作，使“诚善”助学计划的品牌效应向更广阔的空间传播，让更多的贫困学子受惠。

（一）组织结构

组织结构是组织的全体成员为实现组织目标，在管理工作中进行分工协作，在职务范围、责任、权利方面所形成的结构体系。市红十字会在“诚善”项目的运作过程中设立理事会，将存在于红十字会外部的慈善资源内化，使捐助主体成为该系列慈善项目组织结构的一部分，从而有效规避了风险。

理事会由常务理事、理事、干事组成。常务理事由发起单位和其他对于本计划有特别重要影响的单位代表或个人组成。首届理事会由苏州市红十字会、苏州人家大酒店、苏州阳光新地置业有限公司组成。理事是由对“诚善”计划做出显著贡献、热心于本计划宗旨的单位代表或个人组成。吸收新任理事须理事会2/3以上理事同意，理事会执行主席单位通过选举产生，并由执行主席单位理事代表出任理事会主席，任期一年。理事会还设总干事一人、干事若干人，总干事负责处理和决定理事会的日常事务。总干事和干事均由理事会议选举产生，须占理事总数2/3以上的理事同意方为选举有效。总干事、干事任期均暂定为一年。

理事会每年召开1～2次常规会议，由主席/总干事召集，将占理事总数2/3以上同意的事项作为决议（如规定需全体理事一致同意方为通过的事项，从其规定），如遇到争议事项，且不能适用于2/3多数决定的，则由理事会执行主席作出最终裁定。在执行主席任期内，由执行主席单位承担理事会秘书职责，主要是协助主席/总干事筹办理事会议、协助处理两次理事会议期间的文秘工作等。

理事会成员需按时募集和缴纳善款或其他经认可的捐助物品，募集的善款和物品将按照救助计划分期、分批、分项目由理事会委托苏州市红十字会落实。市红十字会每年对本市区内的贫困学生情况做一次调查，根据善款的数额，确定救助对象的人数；并将善款使用计划和评估资料提交理事会讨论决定。

（二）组织运作

“诚善”救助计划实行之初，仅将救助目标范围定位为苏州古城区、新区，适当兼顾吴中和相城区。但由于实际情况的需要，其资助范围目前不仅仅包括苏州，还包括了四川内江——苏州的定点支援地区。

“诚善”救助计划的资助对象分为三类，即小学生、中学生、大学生。较为普遍的标准是每学期小学生200元、初中生300元、高中生400元、大学生800～1 000元。不过，根据实际情况，如当地生活水平、教育水平以及受助者家庭情况，资助额会有所提高，以满足受助者的需求。红会严格履行发放手续，登记造册，由受助学生签名领取。“诚善”对学生的资助有一次性的，也有长期的、连续的，根据具体情况伴随受助学生的学习生涯，甚至可以一直资助学生到研究生阶段。

“诚善”救助计划有专门的账户，与红十字会的账户分开，专款专用。资金进入诚善专有账户后，进行详细的资金使用记录，每一笔费用支出都有记录可查，红会及时就资金的使用情况向理事会各单位汇报，确保资金的合理使用，提高善款的使用效率。

对于受助者，“诚善”救助计划主要是与当地学校及居委会联系，获得相关资料，并需要乡级以上政府部门出具家庭贫困证明。获得资料后，按照“公平、公正、公开”的原则进行筛选，确定受助者名单。红会将每一位受助者资料做成详细的助学卡，助学卡上有受助者的家庭情况，包括家庭组成、家庭成员工作情况与收入情况，还有受助者的年龄、学校、年级以及学习成绩情况，清晰明了，便于查阅。

“诚善”救助计划对于企业捐助，很多是以活动项目的方式展开的，因此对项目的分析是了解运作的重点。较大的项目如成立于2007年的“传真‘诚善’A计划”，由AMD超威半导体技术（中国）有限公司发起并率先捐出人民币10万元整作为诚善项目的启动资金，共有41位贫困学生受益，其中6位学生接受了苏州广播电视总台的采访并在“社会传真”栏目中滚动播出，得到社会的积极响应。

对于社会捐助，红会在不同的街区设置了流动募捐箱，以便于爱心市民捐款，让更多的人参与和支持“诚善”救助计划。

二、宣传推动

要动员更多的人参与和支持“诚善”救助计划，离不开宣传工作的推动。

（一）宣传主体

其一，政府——“诚善”宣传的领头羊。政府政策层面的支持以及利用行政力量增进苏州市红十字会与省级红十字会的联系，为红十字会争取更多的资金捐助。

其二，媒体与网络——“诚善”宣传的生力军。新闻媒体在宣传中的作用不容小觑。市红十字会抓住这一宣传生力军，每一次举办活动，都邀请有关媒体进行采访和报道，提高“诚善”救助计划的知晓率和关注度。市红十字会也高度重视网络这一宣传平台，一方面在红十字会的官方网站上公布“诚善”救助计划的章程、实施细则等资料，另一方面及时发布“诚善”救助计划新闻，“广而告之”。

其三，苏州市红十字会及理事会成员——“诚善宣传”的主力军。市红十字会及其理事会成员作为“诚善”救助计划的发起者、实施者与推动者，对于诚善计划的宣传起到了导向与决定作用。《诚善计划章程》第六条中明确提出：理事会成员在力所能及的范围内积极宣传本计划，吸收更多的社会力量加入或支持本计划；苏州市红十字接受社会自愿捐助并负责本计划与各相关政府部门、新闻渠道之间的沟通协调。在制度层面上确立了理事会成员在宣传“诚善”救助计划方面的主体地位。新闻媒体虽然在“善”字系列救助计划的宣传上积极配合，但毕竟是体制外资源，没有更深地介入救助计划的运作过程。理事会通过吸收苏州市广电总台社会经济频道栏目组成为理事单位，将媒体资源内化，建立起一定的权利和义务关系。这样，广电总台社会经济频道栏目组在宣传活动中更具主动性，并多次在“诚善”救助计划中与苏州红会合作策划节目，收到良好效果。

其四，志愿者——“诚善”宣传的践行者。志愿者无疑是“诚善”救助计划实施过程中宣传工作的践行者。一方面，他们是红十字会宣传活动的主要参与者；另一方面，他们也是慈善活动的主要参与者。这就使志愿者对救助项目有了切身的体会，在生活中便成了红十字会的流动宣传站，不知不觉中为红十字会树立了良好的口碑。

（二）宣传手段

要达到最优宣传效果，还需要辅之以行之有效的宣传手段。纵观“诚善”救助计划实施多年来的宣传策略，大体上可以将其划分为直接宣传与间接宣传两大类。

其一，直接宣传。就是由宣传主体直接向宣传对象灌输相关理念以期达到宣传目的。这一宣传手段的践行方式可以分为文字宣传和口口相传两种。文字宣传，主要是红十字会颁发的各类文字资料、红头文件等，这些资料主要是供红十字会内部工作人员以及志愿者等学习掌握，以帮助他们深入了解“诚善”救助计划。当然，对于社会各界期望了解“诚善”救助计划的人士，通过对这些资料的查阅也可以在一定程度上知晓“诚善”救助计划。口口相传是最为原始也是最有效的宣传方式，其主要践行者是红十字会工作人员及志愿者，通过他们在日常生活中有意无意地向周围人介绍“诚善”救助计划，帮助人们了解“诚善”，以获得支持。

其二，间接宣传。是一种使宣传对象在无形中获知宣传信息并达到宣传目的的宣传手段，也是在实际宣传过程中应用最为广泛的宣传策略。“传真‘诚善’A 计划”系列活动最具有典型意义。2007 年 8 月，苏州工业园区一家外资企业——AMD 公司，首期捐助苏州市红十字会 10 万元，拟定向用于救助当年考取大学但家境贫困的莘莘学子，并希望同时与红会及苏州广电《社会传真》节目组合作开展救助行动。鉴于红会已有定向资助贫困学生的“诚善”救助计划，故考虑综合“社会传真”与“诚善”的两个品牌资源，加上外企首期捐助的三个因素，拟将本次爱心救助行动取名为“传真‘诚善’A 计划”。8 月，该计划举办了揭牌仪式及多次大型善款发放仪式，获得了新闻媒体的多次报道，首批10万元救助资金的注入，在帮助了多名经济困难学生的同时，也在一定程度上为“诚善”救助计划本身的宣传起到了积极作用。2008年举办的“诚善”自行车接力友谊赛、2009年以“诚善助学 点亮未来”——2009“Happy Day”为主题的活动，继续为“诚善”救助计划募集了大量善款。此外，募捐宣传、印发宣传手册等，也为社会公众了解“诚善”救助计划提供了很大的帮助。

三、制度保障

制度规范着个人、群体或组织的行为，同时也为其提供相关的保障。“诚善”计划制度保障来自于政府、红十字会自身以及“诚善”计划的规章。

（一）政府给予的制度保障

政府给予的制度保障主要是提供法律支持和给予优惠政策。

我国涉及慈善事业的法律法规有3部，即《中华人民共和国红十字会法》、《社团登记管理条例》、《基金会管理条例》。这些法律，既约束慈善组织的行为，同时又为其提供了强大的法律保障。

我国涉及公益捐赠的法律法规有3部，即《中华人民共和国公益事业捐赠法》、《中华人民共和国企业所得税暂行条例》以及《个人所得税条例实施细则》。政府给予的相关优惠政策，有对慈善公益捐赠人税收优惠的规定以及指定部分慈善组织享受税前扣除的待遇。如《中华人民共和国企业所得税暂行条例》规定，纳税人用于公益、救济性的捐赠，在年度应纳税所得额3%以内的部分，准予扣除。这些优惠政策，在很大程度上减轻了捐助者的额外负担，激发了捐助者的积极性，尤其对“诚善”类需要大量募捐资金的计划，其鼓励效果更为明显。

（二）红十字会自身的制度保障

除了政府的制度保障外，红十字会自身的制度保障也不可或缺。

我国红十字会的纲要性法律法规有两个：一是《中国红十字会章

程》,它依据国家法律,结合自身实际及社会现实制定出适合本组织工作开展的条例,规范了红十字会的发展方向。"诚善"救助计划作为一个子项目,需遵守其中所有规范。二是《中国红十字会募捐和接受捐赠工作条例》,它明确了红十字募捐和接受捐赠的具体对象、运作、形式、监督等,规范了红十字会的具体行动。红十字会自身的制度,作为"诚善"救助计划的重要保障,配合着政府保障,促使"诚善"救助计划能持续稳定有序运行。

(三)"诚善"计划的规章

"诚善"救助计划在苏州市红十字会、苏州人家大酒店、苏州阳光新地置业有限公司共同倡议下发起,并制定了《"诚善"救助贫困学生计划实施办法》:"该计划以救助贫困学生为主要任务,救助范围目前暂定苏州古城区、园区、新区、吴中和相城区。"该《办法》规定了理事会的组成、变更、权利、义务;明确救助对象,确定救助周期、救助评估、救助金额及用途;建立定期追踪反馈机制、相关违规取消救助资格的事项、救助资金的存储与救助资金使用的审计。这套规范,行之有效,为"诚善"救助计划的有序运行提供了制度保障。

四、社会影响

"诚善"救助计划的社会影响是多方面的,既有显现的社会影响,也有潜在的社会影响。

(一)受助者心中的"诚善"助学计划

"诚善"救助计划实施的直接受益者是受助的莘莘贫困学子。因而,他们对"诚善"的认识与评价也许更贴近于"生活"的真实性。受助者主要从以下几个方面对"诚善"救助计划进行了评价。其一,为他们提供了完成自己读书梦想的机会,让他们感觉到社会的温暖。其二,给他们及其家庭提供了经济上的帮助。其三,带来了社会效益的同时也让他们自己学会了感恩。

（二）捐助者及红会对“诚善”计划的评价

绝大多数捐助者都认为“诚善”救助计划使爱心企业、人士捐赠的善款得到公开、公正的使用；对受助的贫困学子资格的甄选做到了公平、公正、公开，使受资助的贫困学子感受到了社会的爱和温暖，圆了他们的求学梦，让他们能以诚善的心态投入学习生活中。

参与“诚善”救助计划的大多数企业认为，捐资助学，既支持了教育事业，帮助了贫困的学子完成梦想，也对企业员工及周围的人群传递了爱心，支持了慈善事业的发展。当然也改善了企业形象，增强了企业知名度，提高了企业的市场竞争力；促进了企业的全面发展，实现了企业家及企业存在的终极价值；有利于企业社会资本的积累等。这些揭示了慈善事业是社会和谐的滑润剂、是社会阶层同心的凝聚剂的道理。

“诚善”救助贫困生计划自2006年启动以来，不仅帮助了数千名苏州市的贫困学子，而且还在苏州市红十字会与其他地方红会的合作下，响应国家号召，帮助那些偏远山区或少数名族的贫困学子完成学业梦想。如苏州市红十字会与四川内江红会合作，通过“诚善”助学计划于2007年扶助内江市威远县贫困学生35人（其中高中3人，初中9人，小学23人），帮助他们圆梦；资助了贵州安顺关岭县上关镇福农小学20名品学兼优的小学生，还资助石棉县受灾少数民族贫困生若干名。

苏州红十字会启动的“诚善”救助贫困学子计划是一项急困难群众之所需的民心工程，是一项符合社会需要，造福于社会的德育工程，是慈善组织参与社会物质文明和精神文明建设的重要内容之一，因而得到了社会各界及政府各部门的支持和好评。

（课题组成员：马红英、季鹏飞、肖露、李玲、刘晓晓、马新星）

建立有红十字特色的志愿服务体系

刘 霞

志愿服务是国际红十字与红新月运动的七项基本原则之一，也是《中华人民共和国红十字会法》赋予红十字会的重要职责和任务。2013 年 7 月 10 日，国务院下发了《关于促进红十字事业发展的意见》，要求“将红十字志愿服务工作纳入当地志愿服务工作整体规划和公共文明指数测评体系。支持红十字会建立和完善按专业、分领域的红十字志愿服务体系，拓展红十字志愿服务范围，为社会各界参与志愿服务提供平台和渠道”。南京市红十字会在大力发展红十字志愿服务队伍的同时，加强管理、健全制度，提供条件、强化培训，组织引导他们广泛开展人道主义宣传和红十字特色服务，逐步建立起以社区红十字志愿服务为基础，以按专业分领域的志愿服务为骨干，以大学生社会实践等志愿服务为补充的红十字志愿服务体系。截止 2012 年 6 月，全市有 23 个区以上红十字志愿服务基地，505 个社区红十字会(工作站)，15 041 名红十字志愿者，15 支市属红十字志愿服务队，广泛开展多方面的志愿服务。

一、红十字志愿服务体系建设情况

(一) 突出救灾、救助、救护的社区红十字志愿服务

从 20 世纪 80 年代起，市红十字会便在社区(居委会)开展志愿服务，陆续制定了《南京市红十字志愿工作者管理办法》、《南京市红十字志愿工作者活动站工作准则》，建立市、区、街道、社区四级红十字

服务工作网络。全市按区统一制作活动站站牌，配备橱柜、工作马夹、血压计、小药箱、轮椅、拐杖、募捐箱等设备。组建了6 000余人的社区红十字志愿者队伍，并举办了“红十字志愿工作者活动站站长培训班”、“社区红十字小组组长培训班”和“红十字志愿者骨干培训班”等不同层次的培训班。社区红十字服务以弘扬“人道、博爱、奉献”的红十字精神为重点，与社区精神文明建设、卫生服务、老龄工作、社会救助等工作相结合，突出“救灾、救助、救护”的红十字特色。如建邺区红会以“社区居民持证救护员培训项目”申请专项经费，积极争取区财政逐年增加投入，对全区34个社区、13个行政村的600名居民进行救护培训。

（二）倡导移风易俗，实践博爱奉献的红十字遗体捐献志愿服务

市红十字会捐献遗体志愿者之友成立于1996年，倡导逝世后不开追悼会、不接花圈挽幛、不用骨灰盒建墓土葬；献遗体供解剖、献器官供移植；骨灰用于植树造林。干事会是“志友”这个组织的领导机构，也是接受捐献遗体登记的办事机构，除总干事由市红十字会工作人员兼任外，其他干事全部由遗体捐献志愿者组成。干事会成员以及15个大组长，180个小组长，都是这个志愿捐献遗体组织中的志愿服务工作者。他们承担了办理遗体的接受、登记手续，处理“志友”遇到的各种问题，接待全国各地来信来访，编印《志友通讯》等大量的日常工作。据不完全统计，十几年里，“志友”干事会以及各大、小组长无偿志愿服务的时间超过60万小时，自已花费的电话费和交通费超过10万元，《志友通讯》发往全国30多个城市。1999年，“南京志愿捐献遗体者纪念林”建成，成为南京市捐献遗体志愿者和亲属们的凭吊之地；2005年，“志友”纪念林又成为南京医科大学和东南大学对学生们的素质教育基地；2006年12月2日，总会彭珮云会长亲自为刚搬迁到雨花台功德园的“志友”纪念林揭幕。经抽样调查，南京市民对遗体和器官捐献的认可率已达到91.8%。截至2012年6月，共有5 700多人登记志愿捐献遗体，包括两院院士、将军、教育工作者、机关干部、僧人、工人和农民，年龄最大的 102 岁，最小的 18 岁，已实现生前愿望捐出遗体的累计 960 多人。2005 年以来，“志友”先后被评为“南京市十大杰出志愿服务集体”、“南京市骨干志愿服务队”、“第二届江苏省十大杰出志愿服务集体”，以及江苏省广电总台城市频道 2006 年度《南京零距离》公众服务大奖。2010 年获得全国红十字系统“最佳志愿者组织”称号。

（三）广泛传播人道理念的红十字新闻工作者志愿服务

市红十字新闻工作者志愿服务委员会创立于 1998 年，吸收了 20 多家省市新闻单位的 40 多名记者。尽管受到了工作调整等原因的影响，但他们传播人道、倡导博爱、呼唤奉献的宣传报道没有间断，始终是红十字宣传的一支生力军。从汶川地震、玉树地震到舟曲泥石流，媒体和新闻志愿者都通过各自的宣传平台，随时与红会沟通，及时播发募捐援助中的感人事迹和红会的援助行动，彰显了南京博爱之都的形象。在日常工作中，遇到求助者，红十字新闻志愿者都主动和我会联系，以市红十字会的名义通过媒体向社会募捐。2007 年 2 月，我会与金陵晚报联合发起建立“红十字金陵宝宝博爱资金”，版面负责人和具体负责的记者都是红十字新闻志愿者，5 年来为宝宝资金刊发的宣传报道共 804 篇。目前，宝宝资金已筹集善款 230 多万元，救助慰问的孩子达 500 人，通过相关公益活动受益的孩子上万名，“红十字金陵宝宝博爱资金”已逐渐成为了南京的一张爱心名片。2011 年，市红十字会由新闻志愿者积极协调，在《周涛讲故事》栏目先后播出《生命的延续》、《危急时刻》、《血脉相连》、《最后的奉献》四个专题，集中宣传了造血干细胞捐献、遗体捐献、器官捐献以及现场救护培训，社会反响很大，对进一步开展“三救”、“三献”工作起到了积极的推动作用。

（四）提供群众性心理援助的红十字危机干预志愿服务

2005 年底，我会成立了由 23 名心理咨询师组成的市红十字急救与灾难应变志愿工作队，针对突发事件和重大灾难后群体的心理创伤问题，为灾难遭受者提供危机干预与心理保护，并邀请南京地区危机干预、创伤后应激心理治疗专家陶勑恒、张宁、李箕君等出任顾问和督导。志愿工作队成立后，市红会一方面对他们加强现场急救培训和危机干预培训，一方面组织他们参与到红十字广场咨询、现场急救培训、急救现场的心理支持演练、南京女子监狱举办的帮教活动、110 民警现场培训和南京市公安局军转干部培训现场救助教辅工作以及危机事件中的心理干预等活动中。2008 年汶川地震发生后，从 5 月 23 日第一批地震灾区伤员来宁，到 7 月 30 日最后一批伤员返乡，30 名市红十字会急救与灾难应变志愿工作者队员，分别在南京市第一医院、南京市鼓楼医院、南京市中医院，为 94 名灾区伤员提供陪护和心理援助服务 1 200 多小时，直接为灾区伤员提供实物与现金帮助 8 000 多元，记录工作日志 10 万余字。2008 年 7 月 25 日，这支队伍被中国红十字会总会评为"抗震救灾先进集体"。2009 年 10 月至 11 月，在市红十字会举办的北川羌族自治县卫生系统职工身心康复训练营期间，服务队的 13 名队员参加了训练营安排的心理康复志愿服务活动。2010 年 3 月，服务队被评为"第三届南京市十大杰出志愿服务集体"。

（五）为挽救生命提供希望的红十字无偿献血志愿服务

2007 年 5 月，市红十字会无偿献血志愿工作者服务队成立。干事会由南京红十字血液中心，南京市红十字会，南京林业大学、南京大学等 5 所高校以及国泰保险公司等有关人员组成。98％以上的志愿者都参加过无偿献血，最高的已经献血 3 万多毫升，获得全国无偿献血金奖。服务队主要承担动员、组织、参加无偿献血，招募应急献血志愿者等工作，如双休日在南京街头流动献血车前参与宣传招募无偿献血者，组织或参与所在高校的团体自愿无偿献血活动，与南京红十字血液中心合作开展宣传无偿献血的活动、策划并组织献血者的联谊活动等等。目前，服务队注册人数已经超过 700 人。著名篮球运动员胡雪峰、省演艺集团青年歌唱家方鹏鹏先后成为市红十字会无偿献血形象大使，到无偿献血点、志愿工作者活动现场参加活动。2010 年 7 月 28 日，栖霞某工厂爆炸事故发生后，服务队积极响应南京市红十字会的呼吁，到各无偿献血点参加无偿献血并协助南京红十字血液中心工作人员和无偿献血者及时登记、采血、献血。至当晚 10 点，南京红十字血液中心及各献血点共接受献血 1 056 人。2011 年 5 月 8 日，南京市红十字会无偿献血志愿服务队市级机关分队成立，当年有 1 000 多人加入。

（六）自助互助的 HIV 携带者红十字“快乐人生”互助组

2006 年，荷兰红十字会、荷兰阿克苏诺贝尔集团实施“中国艾滋病预防、关爱和能力建设（江苏片区）项目”，我会作为承办单位之一，在开展预防艾滋病青少年同伴教育过程中接触到 HIV 携带者，并对他们进行了有关知识的培训和健康关怀。2010 年 11 月，“南京红十字会‘快乐人生’互助组”经过一年多的运行，正式揭牌。“快乐人生”互助组的理念是责任、感恩、快乐以及保密，组员们不仅自身积极、快乐地面对人生，同时也倡导反歧视的社会大环境，目的只有一个：让艾滋病人回归正常人的生活。目前，互助组成员已经发展到 230 多人，定期开展聚会、交流、培训、座谈等活动。

（七）弘扬奉献的红十字人道文化传播志愿服务

2010 年 7 月，市红十字会成立“南京市红十字博爱艺术团”，弘扬“人道、博爱、奉献”的红十字精神，加强人道文化建设，丰富人道文化的社会传播形式。艺术团前身是一个有 8 年演出历史的民间组织，现有团员 100 余人，拥有器乐、声乐、舞蹈、戏曲、魔术杂技等多项艺术种类。该团成立以来，以热爱公益事业、弘扬爱心奉献为主要内容，先后参加了区县红会和市红会组织的重阳节慰问老人演出，“助残圆梦、博爱南京”公益演唱会，中国红十字会第九届二次理事会演出，以及省市红会联合举办的“春暖敬老”慰问演出活动，获得各方的好评。2012 年艺术团将省、市创作的红十字颂歌、红十字工作者之歌、红十字志愿者之歌、无偿献血歌、奉献者之歌全部编排到演出节目中，开展红十字文化宣传进社区、进乡村活动，以通俗易懂、喜闻乐见的方式将红十字理念深入基层、扎根群众。

（八）与爱共同成长的红十字爱心家庭联盟志愿服务

2012年元旦，金陵晚报和市红十字会等单位共同建立的“红十字金陵宝宝博爱资金”救助63个困难儿童活动，向社会征集爱心家庭参与实施。由于名额限制，只从60多个报名家庭中选择了6个家庭参加活动。春节前夕，17个家庭又和我们一起，同铁心桥敬老院的老人们共迎新春。春节过后，部分爱心家庭自发组织起来看望了建邺区患进行性肌营养不良症的困难学生。为了更好地组织爱心家庭开展志愿服务活动，市红十字会同爱心家庭的骨干们，经过多次磋商，在广泛征询意见的基础上，决定建立“南京市红十字爱心家庭联盟‘爱在成长’志愿服务队”。服务队选定的第一个长期志愿服务点是南京秦淮特殊教育学校，年内初步确定了“手拉手·相知相识”、“一项技能·愿你平安”、“一个心愿·一份祝福”、“领略自然·享受阳光”四项活动。这几项活动涵盖了物质帮助、精神支持、人文关怀诸多方面，让爱心家庭的孩子们从小培养互助意识，让特校的同学们身心更健康。此外，服务队的6个组分别与敬老院、康复医院、儿童医院等沟通协调，建立了长期提供志愿服务的计划。

（九）大学生社会实践、社会志愿者组织的志愿服务

市红十字高校联席会的18个成员单位积极开展各种志愿服务。2011年，13所高校规划了暑期红十字志愿服务活动，如南京师范大学红十字会在四川绵竹举行心理健康和儿童教育系列活动、南京信息工程大学滨江学院红十字会在湖南山区开展支教活动等，列入江苏省红十字会“博爱青春”暑期志愿服务项目管理，受到了社会关注，得到了一致好评。此外，各高校针对不同人群开展了丰富多彩的社会活动，如南航、南林、南邮等数十所院校红十字会在敬老爱老、防艾宣传、环保宣传、救护进课堂等方面都做得有声有色。此外，社会志愿者们也通过多种渠道积极投入到志愿服务中来。

二、志愿服务体系建设的主要成效

（一）形成组织网络，扩大了覆盖面

首先，志愿服务组织分布区域广。全市13个区县500多个社区均建有红十字工作站，覆盖率高达70%以上，为社区红十字志愿者提供了一个培训、宣传、服务的平台，为日常志愿服务创造了广阔的空间。市区两级建立的志愿服务基地，以附近社区、学校组织的志愿服务为主，使社区红十字志愿服务做到分散与集中相结合、宣传与救助相结合，广泛吸纳有生力量，形成牢不可摧的地域网络。其次，志愿服务组织行业种类多。我会已有的15支志愿服务队中，有数支是专业水平高、领域权威性强的队伍，其成员主要是来自各行各业的精英人士，能够为广大市民和有特别需求的群体提供专业化、有针对性的服务。如新闻宣传、无偿献血、捐献造血干细胞、遗体器官捐献、应急救援、文化传播、心理支持、弱势群体关怀等。这些队伍作为志愿服务队伍中的中流砥柱，以其行业特色、宣传力和影响力，在各自的领域起到了不可替代的作用。再次，志愿服务组织服务对象全。我会志愿服务队伍覆盖区域广，行业种类多，在服务对象的层次上和类别上也都较为全面。我会已形成以社区、学校志愿服务队伍为主，以专业志愿服务队伍为骨干，以爱心家庭联盟、大学生社会实践、社会志愿者组织等志愿服务为补充的全面的南京市红十字志愿服务体系，编织了一张博爱南京的爱心网络。

（二）突出人道特色，提高了生命力

普及群众性急救知识和技能是红十字会的法定职责和核心工作。市红十字会抓住2014年青奥会举办这一契机，借助总会项目和省红十字会的彩票公益金项目，积极培训师资队伍，全面开展初级救护培训，普及家庭卫生常识，将对自身生命的珍视和对他人生命的重视观念融入到社区、家庭和市民当中，发挥了应急救护培训强大的号召力和生命力。同时，为备灾救灾成立的应急救援志愿服务队，以及为挽

救生命而践行的无偿献血、造血干细胞捐献、遗体器官捐献志愿服务队所倡导的“人道、博爱、奉献”红十字精神，同中华民族救死扶伤、守望相助的优良传统相通相融，不仅有别于其他社会服务，也反映了红十字会保护人的生命和健康的宗旨。

（三）践行博爱宗旨，增强了感染力

博爱是南京的城市标签，也是红会践行的红十字精神。以博爱之名，行奉献之事，志愿者们的所作所为不仅得到广大群众的认可，更得到众多有识之士的积极支持和参与。如 2012 年成立的南京红十字爱心家庭联盟“爱在成长”志愿服务队，广泛开展敬老助残等服务，家长和孩子们共同在奉献爱的过程中丰富自己、提高自己、成长自己。特校、敬老院、康复医院等志愿服务活动，吸引了更多家庭的参与，服务队在 5 个月里，从 80 多个家庭增加到 170 多个。市红十字会也在不断尝试志愿服务队伍之间跨领域的合作，加强交流合作，增强整体力量，激发志愿服务队伍的战斗力。2011 年重阳节，市红十字会与栖霞山风景管理处、栖霞寺等多家单位共同举办“博爱南京　重阳敬老”登高踏秋活动，联合 20 位社区志愿者、20 位少儿志愿者家庭、20 位应急救援志愿者、20 位佛友之家志愿者以及红珊瑚爱心艺术团成员，陪同 20 位独居老人一起到栖霞寺登高赏秋。活动当天，各志愿服务队分工有序，合作默契；活动后，他们互通有无，借鉴彼此的服务特色和服务经验，成为整合志愿服务资源、服务弱势群体的典型案例。

三、志愿服务体系建设的经验启示

（一）阵地建设是红十字志愿服务长期、有效开展的保障

志愿服务如果没有工作阵地、服务阵地、活动阵地，就如同无根之萍、散兵游勇，难以正常开展工作。如南京“志友”，从筹备时起就得到了当时南京市副市长以及卫生、民政、园林等部门的大力支持与配合，纪念林的建立和干事会办公地点的落实分别得到了雨花台功

德园和南京市第一医院、南京医科大学等单位的支持。

（二）倡导奉献、培育骨干是红十字志愿服务队伍建设的关键

志愿服务是不以营利为目的，经志愿服务组织安排，由志愿者实施的自愿帮助他人和服务社会的公益行为。因此，提供开展志愿服务的必要条件，加强培训，特别是对骨干的引导和培训，是提高整个队伍素质，保证志愿服务质量的关键。

（三）分级负责、自主管理是红十字志愿服务健康发展的方向

实践证明，在各级红十字会的指导和支持下，以志愿者骨干队伍为基础，建立分工明确的自主管理机制，可以更好地发挥骨干队伍在志愿服务集体中的领导、协调作用，更好地调动志愿者的积极性。这种管理模式也应当成为志愿服务工作发展的方向。

（四）突出特色、丰富活动是红十字志愿服务健康、持续发展的保证

国际红十字运动诞生近150多年来，能够为世界各国人民所接受，与它紧紧围绕“保护人的生命和健康，改善最易受损害群体的境况”这个目标所提供的志愿服务是密不可分的，这是红十字运动的特色，也是红十字运动的生命力所在。

（五）在突出特色和可持续发展方面，与先进地区的差距还较大

南京市红十字志愿服务，经过多年的努力，虽已初具规模、初成体系，但和先进地区相比，仍存在着不少问题：一是受社会经济发展和国民整体素质的影响，专业志愿者的招募和活动安排难度较大；二是受到师资、时间的限制，志愿者缺少规范的培训，志愿服务的红十字特色不够突出；三是大部分志愿服务活动都由各级红十字会组织，志愿服务的自主性和主动性等需要进一步提高；四是受资金不足等因素困扰，为志愿者购买保险等从事志愿服务活动的基本保障亟待加强。

（作者为南京市红十字会专职副会长）

落实大政方针　增强发展特色

聂　城　韩瑞新

2012 年 7 月 11 日，国务院印发了《关于促进红十字事业发展的意见》（以下简称《意见》）。贯彻落实好《意见》，需要认真梳理全省红十字会工作情况，改革创新，保持和强化江苏特色，在参与和服务全省改革发展大局中发挥独特作用。

一、认真贯彻落实国务院《意见》，推动江苏红十字事业发展

接到国务院《意见》后，我省红十字会系统高度重视，行动迅速，主动协调，深入贯彻，取得了初步成效。

1. 加强组织领导，抓好国务院《意见》的贯彻落实

全省各级红十字会相继成立《意见》学习宣传贯彻工作领导小组，主要领导担任组长，统筹推动《意见》的学习、宣传和贯彻。2012 年 8 月3 日，省红十字会召开了全省贯彻落实《意见》座谈会，吴瑞林会长要求各级红十字会用足用好政策，从三个方面抓好落实并力争有所突破。一是推动各地出台相应的贯彻落实意见或配套文件、工作细则，以此为抓手，加强沟通，争取各方面的支持，形成合力，拓展我们的工作空间。二是主动宣传，扩大影响，以正视听，积极主动地利用各种渠道加大宣传力度，推动形成一个宣传高潮，防止被某些断章取义甚至无中生有的消极言论牵着鼻子走。三是坚持实践在先，按照国务院文件去做，在这个基础上结合各市的情况争取有所突破，形

成实践、理论、再实践，不断总结提高这样一种良性循环。为确保宣传贯彻工作任务落实到位，省红十字会还提供了必要的人力、物力和财务保障，建立《意见》宣传贯彻评估机制，制定年度评价和考核标准、实施细则，并将落实《意见》进展情况纳入当地政府督查内容，年底组织考核验收，通报落实情况。

2. 推动出台各级党委政府促进红十字事业发展的意见

2012 年 5 月，省红十字会根据吴瑞林会长的指示精神，着手起草《江苏省委省政府关于进一步促进红十字事业发展的意见》(征求意见稿)。11 月 1 日，省委省政府出台了《关于进一步促进红十字事业发展的意见》。省红十字会还代拟了落实《意见》重点工作分工方案，提交省委办公厅和省政府办公厅印发实施。全省各级红十字会也积极与政府部门沟通协调，结合实际出台促进当地红十字事业发展的政策文件，加大改革创新力度，切实解决制约红十字事业发展的体制性、机制性、基础性问题，以实际行动高标准完成好《意见》提出的各项任务目标。

3. 利用好现有政策法规，不断推进省红十字会能力建设

在 2012 年 4 月总会工作调研座谈会上，吴瑞林会长谈到修改《中华人民共和国红十字会法》的必要性时指出，这部法律颁布已近 20 年了，但是从它产生到现在有许多条款并没有完全落实到位。国务院《意见》中的有些内容，在我省现有政策法规中已有体现，因此需要继续抓好现有政策法规的落实。一是充分发挥“十二五”规划的指导作用。国务院《意见》要求各级政府在编制国民经济和社会发展规划时，同步编制红十字事业发展专项规划。2011 年，我们联合省发改委编制了《江苏省红十字事业发展第十二个五年规划》，明确了我省红十字事业发展的指导思想、基本原则、发展目标、保障措施等，要求不断强化红十字会的应急救援能力、动员社会能力、服务公众能力、科学管理能力和国际合作能力。2012 年上半年，省红十字会又根据该规划进一步细化，制定了《江苏省红十字事业发展“十二五”规划配套

实施方案》，包括备灾救灾、红十字青少年、红十字宣传文化、信息化工作、造血干细胞捐献等14个实施方案，下发各地落实执行。此外，各市红十字会也分别编制了“十二五”规划，明确了目标任务，理清了工作思路，为红十字事业又好又快的发展提供更加坚实的政策保障。二是进一步扩充人道救助基金。国务院《意见》要求，加大对红十字事业的财政投入，支持红十字会依法开展遗体、人体器官捐献工作，探索在省级以上红十字会设立人体器官捐献救助基金，为捐受双方提供必要的人道救助。2004年出台的《江苏省实施〈中华人民共和国红十字会法〉办法》(简称《实施办法》)，也写入了“配合有关部门开展人体器官、遗体捐献的宣传、组织工作”的内容，明确规定“政府有关部门根据需要，从彩票公益金中安排一部分资金用于支持红十字会的社会救助事业”。“十一五”期间，我们依据国家法律和我省《实施办法》，每年筹集1 000万元，共5 000万元充实省红十字会人道救助基金；从彩票公益金中争取到每年分成800万元，并且不设定期限。“十二五”期间将进一步扩充人道救助基金，设立人体器官捐献救助基金，进一步增强红十字会救灾救助实力。

二、扎实开展“三救三献”工作，在应对灾情和救助方面主动作为

救灾、救助、救护，是中国红十字会的基本职责和传统工作。动员无偿献血、捐献造血干细胞、捐献人体器官，是政府委托红十字会开展的重要工作，是真正体现“以人为本、关爱生命”的一项崇高的事业。近年来，全省各级红十字会充分发挥自身优势，利用好国内国外资源，广泛开展“三救三献”工作，形成了一系列具有红十字特色的民生项目。

1. 积极参与对省内外灾情的应急救援

2012年1月至10月，省红十字会共为遭受地震灾害的新疆伊犁州、云南与贵州交界的昭通地区，遭受泥石流袭击的四川凉山彝族自

治州、云南省彝良县龙海乡，遭受洪水袭击的河北省以及省内部分遭受地震、台风、龙卷风、洪涝等自然灾害袭击的市县拨发救灾款物418.6万元，其中救灾款102万元。7月20日扬州市发生了4.9级地震，造成1死2伤，倒房和损房近1 000间，为江苏陆地20年来最大的地震。灾害发生后省红十字会主动配合当地政府开展救灾救助工作，及时向灾区群众拨发价值75万余元的救灾物资，包括帐篷273顶、蚊帐6 000顶、夏凉被1 000床、家庭急救包500箱，先后派出应急救援、医疗救护、心理危机干预等4支志愿服务队，受益群众累计超过10 600人，帮助群众渡过了难关。省红十字会的救援工作得到了当地群众和党委政府的好评，省委罗志军书记批示："主动参与，很好。"傅自应副省长批示："省红十字会在高邮宝应地震灾害救援工作中行动迅速，体现了'新江苏精神'，应予表扬！"

国务院《意见》要求把红十字应急救援工作纳入政府灾害应急响应体系，把红十字备灾救灾中心或物资库建设列入当地防灾减灾规划统筹考虑，抓好备灾救灾网络建设，建立快速高效的灾害救援反应机制。"十二五"期间，省红十字会计划建成15 000～20 000 m^2的备灾救灾中心，未建立备灾救灾中心的市红十字会建成8 000～10 000 m^2的备灾救灾中心，已建立备灾救灾中心的市红十字会视情逐步扩充，有条件的县红十字会建成3 000 m^2的备灾救灾仓库，形成省、市、县三级红十字会救灾应急物资储备网络体系。2012年上半年，我们争取省彩票公益金支持，采购价值300万元的帐篷、毛毯、棉被、棉衣等物资用于应急救援储备；资助新建成的盐城、无锡市红十字会备灾救灾中心130万元用于购置仓储等设施设备。各级红十字会健全灾害应急预案，着力提升应急救援能力，加强与应急办、民政等部门联系，及时获取灾害预报和灾情，形成自下而上报灾、自上而下指导、各地互相支援的救灾工作体系。

2. 积极推进“百万救护”培训项目

普及群众性急救知识和技能是红十字会的法定职责和核心工作之一。全省各级红十字会积极推动救护培训机构建设，提高救护培训质量和管理水平，充分发挥红十字会在保护人的生命健康方面的作用。经过我们积极争取，公益性“应急救护百万培训”项目列入2012年省政府保障和改善民生十件实事，计划培训救护师资500名、初级救护员20万名、开展普及性培训80万人。至2012年9月底，全省红十字会系统已培训应急救护员120 825名，开展普及性培训43 6610人，总完成率达到55.7%。

为保质保量按时完成“百万救护”培训项目，省红十字会从四个方面抓好落实：一是科学有序开展。省红十字会成立了项目实施工作领导小组推动项目落实，召开了全省红十字会项目实施专题工作会议布置工作任务，与省财政厅联合发文明确项目任务分解、组织保障、职责分工、培训内容、培训方式、经费保障、督导评估等事项。二是加强督导。省红十字会每月汇总统计救护员和普及性培训人员数量和基本信息，向各市发送项目实施情况简报，定期向省政府督查室报告项目进展情况，适时前往各地督导推动项目实施。三是广泛宣传。各级红十字会积极开展项目宣传工作，一些红十字会领导和救护专家接受江苏城市频道专题访谈，在全省部分手机用户中群发“救护培训”公益短信，举办经训机关公务人员救护技能竞赛，协调媒体报道项目培训人员成功施救案例，宣传“百万救护”培训项目的进展和成效，树立红十字会救护培训的品牌。四是常态化运作，形成规模效应。省红十字会计划在“十二五”期间持续实施“百万救护”培训项目，2012年9月会同省财政厅联合发文明确了今后3年各级财政继续对红十字会实施项目给予经费保障。同时，总会决定分三年支持我省“百万救护”培训项目300万元。

“百万救护”培训项目的实施，体现了我省红十字会在救护培训领域的主导地位，树立了应急救护培训的良好品牌。

3. 不断完善城乡红十字人道服务体系

如果说“三救三献”是在紧急状态下捍卫和拯救生命，那么人道援助则是在常态下改善最困难群众的境况，二者都体现了红十字会以人为本的理念。红十字会的服务对象是“三最”人群，即最困难、最需要帮助、最易受损害的人群。针对困难群众的各类需求，我们按照点面结合、应急与长效结合的原则，大力开展博爱送万家、爱心助孤、大病救助、敬老助残等救助活动，实施援建博爱新村、学校、卫生站、乡村路桥等公益项目，逐步扩大救助范围，使更多的困难群众受益。2012年以来，省红十字会筹集700万元款物开展了“博爱送万家”活动，为约2万户贫困家庭送去关爱；实施助学、助残、援建卫生站、援建学校、铺路修桥等项目17个，下拨项目资金429.2万元。2012年配合总会大病救助119人，拨付救助资金319.5万元。对口援助了青海省海南藏族自治州40万元用于建设卫生站；争取南京神州英诺华医疗科技有限公司支持420多万元医疗仪器，用于我省和新疆部分医院改善医疗设备。着力开拓新的人道工作领域。针对越来越多的人出现各种心理健康问题，在卫生行政部门的支持下，我们启动了“阳光心理”行动试点工作。为了缓解部分地区农村看病难、看病贵问题，我们实施“红十字健康快车”项目，依托当地医院定期在偏远农村巡回诊疗、送医送药，为农民群众提供便捷优质的医疗服务，深受当地群众欢迎。

4. “三献”工作开创了“生命工程”新业绩

着眼于更好地保护人的生命和健康，我们积极开展献血、献造血干细胞、献遗体器官工作，通过广泛宣传法律政策、普及科普知识、颂扬志愿奉献精神，争取更多的人加入“三献”志愿者队伍。

积极推动无偿献血工作。省和扬州市红会积极宣传“献血大王”王文清先进典型事迹，以王文清为原型的高清数字电影《血源》全力冲刺全国精神文明建设“五个一工程奖”。2012年3月份首映以来，在全国引起强烈反响，为推动无偿献血工作起到了积极的作用，王文清本人也因此入选全国百名优秀志愿者。2012 年上半年，南京市红十字会推动无偿献血超过 3 万多人次，献血量达到 1 100 万毫升；盐城市红十字会推动无偿献血 30 136 人次，献血量达到 973 万毫升，捐献血小板 1 840 人次，计 18 399 个单位。

扎实开展造血干细胞和骨髓捐献工作。目前，中华骨髓库江苏分库已入库采样 10 万人份，实现了 274 例骨髓捐献，其中国境外 9 例，台湾 3 例，香港 4 例，韩国 2 例。2012 年 3 月，江苏省分库被中华骨髓库表彰为 10 个先进分库之一。2012 年上半年全省红十字会系统采集血样近 5 000 人份，成功实现捐献 28 人。与徐州医学院附属医院密切合作，促成了中华骨髓库首例骨髓捐献在徐州医学院附属医院采集，同时也是涉外捐献首次在江苏采集出境，此次活动引起了央视、省级媒体及市级媒体的关注和报道。已有南通、苏州、无锡、常州、徐州、泰州六个市成立了有编制的捐献工作站。召开了“造血干细胞多学科研讨暨江苏省捐献工作会议”，涉及移植、HLA 配型、采集、骨髓库管理、心理等内容，基本涵盖造血干细胞捐献相关的各个方面，给红十字会干部提供了全面的业务知识培训。召开了一次移植医院协作组例会，研讨了骨髓库建设及骨髓移植进展，与相关移植医院签订了采集协议。组织苏北苏中八市近 40 位捐献者与苏州昆山 24 位捐献者联谊，组织近 60 位苏南捐献者到连云港举办夏令营，联合团省委、志愿者协会授予捐献者“优秀青年志愿者”称号，在南京市 10 所高校进行捐献造血干细胞知识教育项目，在 120 辆公交及地铁发布宣传广告，组织“5. 8”博爱周和“6. 14”献血日宣传活动，宣传捐献造血干细胞科普知识。

积极推动人体器官捐献工作。根据总会和卫生部的通知要求（红总字〔2010〕13 号），省红十字会与卫生厅于 2010 年 3 月开始筹建江苏省人体器官捐献工作体系，在南京市开展人体器官捐献试点工作。2011 年 7 月，总会批复（中红字〔2011〕45 号）同意在我省全省开展人体器官捐献试点工作。省红十字会与卫生厅又推动在无锡、徐州、常州、苏州、南通市开展人体器官捐献试点工作。至今,我省已成功实现24例器官捐献,共捐献肾脏42个、肝脏16个、肺脏4对及眼角膜30个,使81名重病患者重获新生或重见光明,器官捐献工作取得较好进展。省红十字会、卫生厅于2010年3月制定了《江苏省南京市人体器官捐献试点工作实施细则》,试点的5个市红十字会和卫生局也制定了各自的《实施细则》。成立了江苏省人体器官捐献工作委员会、江苏省人体器官捐献办公室、江苏省人体器官捐献专家组、江苏省人体器官获取组织以及各试点市人体器官捐献工作委员会、办公室等机构,为推动江苏省人体器官捐献工作提供了组织保障。各试点市红十字会组建了人体器官捐献协调员和信息员队伍,负责协助试点市红十字会开展器官捐献协调、医学专家鉴定、器官获取见证、处理善后事宜等。南京市红十字会还依托"南京市志愿捐献遗体志愿者之友"组织,组建了南京市人体器官捐献志愿者队伍,负责在社会上开展人体器官捐献宣传等工作。省红十字会争取卫生部医官司委托办事专项经费10万元,争取总会彩票公益金器官捐献专项经费每年10多万元,争取省财政每年安排器官捐献项目经费50万元。部分市红十字会争取当地彩票公益金、移植医院支持专项经费。省和各试点市红十字会积极开展人体器官捐献宣传,争取党委政府的关心、支持和广大群众的理解、参与。省内外30多家主流媒体对首例捐献做了充分报道。省红十字会制作了由江苏卫视著名主持人孟非出演、时长15秒的人体器官捐献公益广告片,连续3个月在江苏卫视城市频道播放。在各种场合开展海报、灯箱、广场宣传,摆放宣传展架和宣传折页等宣传活动。

5. 预防艾滋病宣传教育

2012年以来,共举办各类同伴教育和培训班94期,支持艾滋病感染者组织开展活动26次,受益人数达到8 200多人次,其中艾滋病感染者1 400多人次。

三、大力推进基层组织及志愿服务体系建设，认真做好冠名机构清理工作

基层组织建设是红十字事业发展的基础。在总会领导的直接推动下，省编委在2009年4月颁发了《关于理顺县（市、区）红十字会管理体制的通知》，解决了我省在理顺管理体制当中最关键的四个问题，即机构独立设置、列入群团管理、日常经费由政府保障、按照同级群团组织的职级配备干部。2012年初，全省104个县（市、区）全部行文明确理顺红十字会管理体制，机构、编制、人员、经费、办公场所“五到位”。

1. 加强基层组织建设，更好地服务基层群众

红十字会基层组织是传播红十字精神、开展人道主义工作的具体组织者和实施者。近年来，全省各地红十字会稳步推进基层组织建设，红十字会组织体系和工作网络正在完善。2011年，全省已有基层红十字组织6 900多个，其中乡镇、街道红十字会946个，占乡镇、街道总数的72%，社区、村红十字组织700多个；发展会员420万人、志愿者20万人。

2012年5月，我们召开了全省红十字会基层组织建设推进会，总结交流各地基层组织建设的先进经验，重点推进乡镇、街道红十字会和社区、村红十字工作站建设。会后，省红十字会制定了《关于进一步加强全省红十字会基层组织建设的指导意见》（征求意见稿），在全省红十字会年中工作会议上征求了意见，并到部分市、县红十字会进行调研，力求使指导意见对进一步规范完善基层组织建设具有较强的科学性和可操作性。

2. 不断加强红十字志愿者队伍建设

学校红十字会工作卓有成效。省红十字会在2007年、2010年与省教育厅共同开展了省级红十字示范校创建活动，共创建省级红十字示范校226所，初步形成了在各级学校红十字工作委员会指导下，

以学校红十字会为主导，广大师生员工共同开展青少年活动的工作格局。2011 年以来，省红十字会联合省文明办、教育厅、卫生厅、团省委、志愿者协会等单位，连续两年开展以“博爱青春”为主题的高校暑期志愿服务活动，来自全省 42 所高校的 1 409 名红十字青年志愿者参与志愿服务，累计志愿服务 21 208 天，受益 61 694 人。2012 年有 62 所高校申报了 82 个暑期志愿服务项目，经评审，有 42 所高校的 50 个项目入选省级支持项目，有 10 个项目被评为省级优秀项目。在总会表彰中，2 个项目获一等奖、1 个项目获二等奖。

“学雷锋——红十字志愿服务”活动开展广泛。把每年的 3 月 5 日确定为全省红会系统“学雷锋活动日”，推动学雷锋活动常态化、机制化。把学雷锋活动与“人道、博爱、奉献”的红十字精神紧密结合起来，充实红十字志愿服务内容，让与雷锋精神高度一致的红十字精神更加深入人心。通过学习“当代雷锋”——红十字志愿者郭明义同志的先进事迹，弘扬雷锋精神，打造红十字志愿服务品牌。各级红会组织动员社区、学校、冠名红十字医疗机构、企事业单位及社会各方面的红十字志愿者，深入开展“红十字关爱生命”志愿服务行动。组织发动红十字银发志愿者与学校结对，对学校红十字会员、红十字青少年开展学雷锋传帮带活动。南京市红十字会成立爱心家庭联盟“爱在成长”志愿服务队，集宣传、募捐、救助、服务为一体，关爱残障儿童、空巢老人。苏州市红会参与市文明办主办的“关爱他人、关爱社会、关爱自然”志愿服务活动。南通市红会联合市妇联成立旨在关爱贫困农民工子女的“博爱儿童、快乐家园”志愿服务基地，为志愿服务项目的可持续发展创造条件。盐城市红会通过媒体招募“仁爱妈妈”，成立“仁爱妈妈”志愿服务工作站，关爱孤残儿童。我省开展红十字志愿服务的做法和南通大学“爱暖朝阳”项目在总会红十字志愿服务发展研讨会上进行了交流，得到一致好评。

应急救援队培训系统扎实。《江苏省红十字事业发展第十二个五年规划》要求，组建应急救援队 130 支以上，确保县级有 1 支、市级有

2支，省级成立集救援、救护、灾后心理危机干预为一体的应急救援大队，并形成科学的运行机制。2013年底前，省红十字会建立集救援、救护、灾后心理危机援助为一体的应急救援总队，市红十字会建立2支各具特色的应急救援队，县级红十字会建立1支应急救援分队。各级红十字会应急救援队年培训时间累计不少于10天。

3. 清理冠名机构，加强管理，维护好红十字品牌

我省是全国冠名医疗机构最多的省份，其中也存在冠名手续不规范、日常监管不到位、冠名机构不履行相应义务等问题，对红十字品牌形象构成潜在风险。清理冠名医疗机构是一项重要而紧迫的任务。各地红会高度重视清理工作，通过清理强化冠名医疗机构的责任意识，存优汰劣，消除危及品牌的各种隐患。会同卫生等部门认认真真地开展本地自查清理，不护短、不敷衍、不遗漏，对所有冠名医疗机构进行"全面体检"。凡符合要求的继续保留，存在问题的限期改正、暂缓通过，问题严重、风险较大的坚决取消冠名。利用清理工作对保留冠名的医疗机构进行一次践行红十字精神、端正医德医风的再教育，深刻剖析一些医疗机构损害红十字品牌形象的问题，举一反三，引以为戒。检查前全省冠名红十字(会)医疗机构有189家，实际检查189家，核查、抽查22家。检查后首批保留冠名医疗机构173家，取消11家，限期整改5家，对按期整改到位的作为第二批保留冠名医疗机构。通过这次全面清理整顿，达到了"纯洁队伍、消除隐患、凝聚力量、光大品牌"的目的。

四、树立公开透明良好形象，创新宣传筹资工作方法

资金筹集和管理是红十字会的生命线。近年来，我们积极拓展筹资渠道，创新筹资方式，壮大救助实力，规范使用救助款物，及时向捐赠方和社会反馈、公布捐赠款物使用情况，不断提升红十字会的公信力。

1. 广泛传播红十字运动理念，加大宣传力度

各级红十字会充分利用重大纪念日和大型活动的契机，以特色品牌项目为抓手，广泛传播红十字运动理念。2012年初，省红会邀请省委宣传部、省新闻工作者协会、爱心企业家、艺术家、社会知名人士及主要媒体负责人进行座谈，为正确引导公众舆论，营造有利的社会环境达成共识。2012年"5.8"博爱月期间，全省各级红会开展了形式多样的宣传纪念活动，潘宗白常务副会长做客江苏城市频道和中国江苏网，接受直播访谈。5月上中旬，中非国家红会合作论坛暨中非国家红会能力建设研讨班在苏州太仓举办，苏州市、太仓市红十字会配合会议做了大量的宣传工作，省红会精心制作了60块展板，对各市红十字会的亮点工作进行了展示，受到了社会公众和新闻媒体的广泛关注。主动参与"慈展"项目宣传。7月中旬，由国家民政部等单位主办的首届中国公益慈善项目交流展示会在深圳举行，我省红会系统作为江苏参展团成员之一参加了该活动，用画面、视频展示了省、市红会的特色公益项目，如百万培训、捐献造血干细胞、博爱青春、防艾宣传、南京"志友"、无锡"人道万人捐"、徐州"爱心工程"、常州"信义"夫妻、苏州"善"字系列、南通"磨刀老人"、连云港"叶欣仁"、淮安"流动博爱超市"、盐城博爱小区、扬州免费门诊、镇江"红十字黄丝带"、泰州"爱心奶奶"、宿迁"红恤班"等，把我省红十字会特色工作推向了全国。"应急救护百万培训"项目，是省政府确定的保障和改善民生的十件实事之一，也是我省红十字会系统着力宣传打造的品牌亮点工作。省红会协调省广电有线信息网络股份有限公司，连续两周免费在电视开机画面播放"红十字'救'在身边"的公益广告图片。省红会还专门设计、制作、分发了26 000份应急救护培训宣传海报。8月，会领导走进江苏电视台《大爱无疆》专栏，讲述应急救护知识，介绍全省培训情况，并与观众面对面交流互动。徐州红会与该市电视台联合开办急救公益栏目，传播"人人学急救，急救为人人"的救护理念，每周固定一期《天天新健康》。"红十字博爱送万家"活动已

连续开展了16年，共募集并发送爱心款物7 800万余元，已成为红十字知名品牌之一。2012年1月6日，省红会组织四路记者分赴泗洪县周冲村、灌云县王集乡、响水县运河镇、淮阴区刘老庄乡等现场采访报道"送温暖"实况。盐城市红会深度综合报道的《冬日里的一缕暖阳——江苏盐城市红十字会开展"博爱送万家"活动侧记》先后在《中国红十字报》等媒体进行了刊载。捐献造血干细胞品牌项目，2011年荣获首届江苏慈善奖"最具影响力的慈善项目"称号。《姑苏晚报》用整版的图片和文字，描述了苏州工业园区外企员工孙莹捐髓过程和爱心历程。苏州电视台连续3天全程追踪直播报道魏楠楠捐献器官事迹。在镇江扬中市服役的武警战士费枫宇成功捐髓后，中央电视台一套、七套、江苏城市频道都进行了报道。徐州首例涉外捐髓者谭晓洁得到了众多媒体的连续跟踪报道。

2. 改革创新，建立和完善可持续的筹资机制

提高筹资能力和水平是红会工作可持续发展的关键。各级红会积极探索建立长效筹资机制，牢固树立全员筹资、主动筹资、服务筹资、项目筹资的意识。一是加强与企业的合作，建立和巩固长期合作关系，积极为企业参与公益事业、树立负责任形象搭建平台，提供服务。二是转变思路，创新募捐筹资方法，通过银行卡捐赠、手机捐赠、募捐箱筹资、义卖募捐等多种形式拓宽筹资渠道。三是通过各理事单位和会员单位发挥自身的公益热情和社会影响力，关注重大灾害事件，适时动员社会展开募捐筹资，广泛汇聚社会各方面的爱心资源，不断增强救助能力和实力。2011年全省红十字会共接受政府拨款和募集救灾救助款物折合人民币达到3.916 985亿元（省本级为5 977.47万元），比上年增长9.67%，其中政府拨款9 666.81万元，募集救灾救助款物达到2.950 304亿元；拨发救灾救助款物2.361 295亿元，其中救灾款物2 683.31万元、救助款物2.093亿元，累计受益群众达到59.167 3万人次，较好地完成了年度工作目标，实现了"十二五"良好开局。2012年，我们积极拓展募捐思路，创新募捐方法，着重

推进项目筹资，在媒体上公布红十字会助医、助学、助困、助孤等项目，通过捐赠单位、个人直接参与项目管理的方式，争取社会力量支持。省红会还深入数十家企业进行公益宣传和交流座谈。5 月 8 日，省红会在《新华日报》专版刊登"人道博爱项目"，并主动向有关单位发送爱心项目书，积极争取支持。"红十字博爱月"期间，全省红会系统共募集款物 3 519 万多元。

3. 多方参与，建立和完善公开透明的监督机制

当前，我国广大群众对包括红十字会在内的公益组织透明度的期待越来越高，需要建立和完善捐赠信息公开和捐赠款物管理使用情况反馈制度，精心呵护好公众的爱心善举，不断积累社会各界对红十字会的信任和信心。我们建立了社会捐赠款物管理监督机制，包括规范捐赠款物管理流程、集体研究款物分配方案、基层红十字会对受助对象进行筛选公示、救助工作台账存档备案、省红十字会网站公布捐赠款物管理使用信息、及时向捐赠方反馈捐赠款物用途和受益情况、定期向理事会报告、接受审计部门和总会委托财务机构审计检查等方式，接受捐赠方和公众的监督。我们还积极探索由捐赠方和媒体参与项目实施。2012 年 3 月，我们组织 30 多位捐赠方和媒体代表前往四川绵竹考察对口援建项目，了解项目运转现状和当地群众受益情况，并邀请他们直接参与后续援建项目的研究论证，受到捐赠方和媒体记者的高度赞许。8 月，组织部分捐助单位和个人代表、新闻媒体一行 14 人赴青海玉树考察震后援建项目。全省红会系统共捐助 15 241.79 万元用于支持玉树重建。通过捐赠者和媒体人的所见所闻、亲力亲为，红十字会办事公开、透明、务实的社会形象得到了明显提升。

五、加强调查研究，开阔工作思路，大力提升红十字会的软实力

华建敏会长指出，红会的建设离不开"体"和"魂"。"体"就是我

们的机构和队伍，“魂”就是红十字文化。应当重视调查研究，深化理论探讨，在抓“硬件”建设的同时，抓好“软件”建设，提高红十字会的“软实力”。

1. 赴外省调研，进一步开阔工作思路

2012年初，省红会组织各市红会常务（专职）副会长及省红会机关、事业单位负责人赴闽粤湘三省学习考察红十字会在组织建设、宣传筹资、备灾救助、红十字志愿服务等方面的先进经验和做法，参加考察的同志都感到受益匪浅、深受启发。5月初，我们又借承办中非国家红会合作论坛暨中非国家红会能力建设研讨班之机，组织各市红会常务副会长（专职）参加开幕式，聆听了国际委员会和中国红十字会领导的讲话，了解非洲国家红会在人道工作领域发挥的作用，分享当今国际先进的人道救援理念及做法，开阔了视野。省红会在研讨班上还作了专题交流发言，与国内外代表及专家进行深入交流。无锡、扬州等市红会组织专职干部并邀请当地党委政府相关部门同志赴省内外兄弟单位学习考察，让大家跳出辖区看红会，高处着眼谋发展，取人之长补己之短，促进红十字会工作迈上新台阶。

2. 深入基层组织调研，切实改进工作作风

2012年8月中旬，省红十字会派出5个调研组，由中层干部带队，利用一周的时间深入市、县红十字会及基层组织，听取情况介绍，实地调研，查阅台账，个别抽查，全面了解掌握全省红十字会年度工作任务进展情况和当前工作中存在的主要困难、问题。调研结束后，省红十字会及时召开全体人员会议，听取各调研组的汇报，深入研究基层反馈的意见、建议，各部门细化方案，改进作风和方法，切实安排好工作。潘宗白常务副会长充分肯定了调研取得的成绩，要求每年都要开展这样的调研活动，通过调研，集思广益，理清工作思路，使我们的工作更好地体现出红十字会应有的特色。李新平专职副会长要求认真总结各地好的经验做法，一着不让地抓好年度工作落实。

3. 加强理论研究,提高理论水平,宣传红十字文化

国务院《意见》要求深入开展红十字理论研究,大力宣传红十字文化在引领社会道德风尚、提升精神文明程度和推动文化大发展大繁荣中的积极作用,推进"红十字文化中国化"。我们从三个方面开展红十字理论研究和红十字文化建设:一是办好一份理论性刊物。江苏《红十字》季刊自 2009 年创办以来,较好地发挥了在增强理论服务、指导基层工作、推动实践创新方面的主渠道作用。2012 年,《红十字》季刊进行了改版,更加注重理论性和学术性。2013 年起,我们通过争取经费,扩大《红十字》季刊的发行范围,免费发放到高校红十字会、冠名医疗机构以及部分乡(镇)、街道红十字会等基层组织。二是举办一次理论与实践学术征文。为加强对红十字运动理论与实践的研究,展示和共享红十字运动研究成果和学术资源,推动研究成果转化,促进我省红十字事业又好又快地发展。2012 年 5 月起,省红十字会在全省范围内开展红十字理论与实践研究优秀学术论文征集、评选活动,本次论文征集面向全省各级红十字会专(兼)职干部、会员、志愿者以及从事红十字相关研究的专家、学者、专业工作者和热心红十字事业、有志于红十字运动研究的各界人士。省红十字会邀请相关专家学者评审优秀学术论文。三是参加好一场公益事业高层论坛。2012 年 9 月 22~23 日,"首届中国公益事业发展高层论坛"(简称"论坛")在南京大学举办,主题为"中国公益事业——转型与发展"。论坛着重研讨中国公益事业发展所面临的问题与困境,探索中国公益事业走出困境与危机的途径。省红十字会接到会议邀请函后,决定利用论坛在南京召开的有利条件,邀请南京市、苏州市和南通市红十字会、江苏红十字运动研究基地、A. O. 史密斯公司等单位组团参加论坛,并召开了预备会议,对论坛上可能出现的关于红十字会的不利言论,商讨对策,统一思想。潘宗白常务副会长还与主办会议的南京大学进行了多次沟通,正面宣传省红十字会的工作,争取他们的支持。会议召开前,各位参会代表精心准备了发言文稿提交给

论坛。会议期间，代表们在小组讨论中分别作了精彩发言，传递了红十字会的正面声音，树立了红十字会的良好形象。我们认为，深化理论研究，要充分挖掘红十字文化内涵，广泛传播人道理念，要大力宣传红十字会工作，努力使红十字会变成道德的实践场和道德的大讲堂。

（作者单位：江苏省红十字会办公室）

新形势下红十字筹资工作的思考与实践

华锡明　吴祥华

筹资是红十字会保持旺盛活力和生命力的源泉。离开了筹资工作，“三救”、“三献”、“三基”（志愿服务、红十字青少年、社区红十字工作）等红十字核心业务便成为无源之水、无本之木。近年来，无锡市红十字会积极探索和创新筹资方式，从单一、被动接收向多元、主动筹资转变，筹资款额逐年大幅增加。2008 年以来，全市常态情况下的募捐筹资共筹集资金 1.368 亿元，截至 2012 年 7 月，全市红十字备灾救助金规模达到 9 235.12 万元（其中市本级 5 220.57 万元），提前完成了 2008 年 8 月市红十字会第八次会员代表大会提出的目标任务，为无锡市获得“全国慈善七星城市”做出了积极贡献。

一、丰富筹资方式，提升红十字会综合实力

我们认为，红十字筹资工作实践大体分为两大部分：一是常态情况下的备灾救助筹资，主要是指针对本市范围内的非定向筹资；二是应急情况下的救灾筹资，主要是针对国内外发生的重大自然灾害和国际人道救助而发动和开展的定向应急赈灾筹资。

常态情况下的备灾救助筹资，主要是指专题性的募捐活动、建立冠名基金、设置红十字募捐箱、开展救助项目定向筹资等。我市在常态情况下主要开展了以下筹资活动。

1. 积极开展以“汇聚人道力量，共建幸福无锡”为主题的“红十字人道万人捐”　无锡市“红十字人道万人捐”活动起始于 2002 年，在

全市的红十字会系统内发动；2006 年市委、市政府发文推动这项工作；2009 年，市红十字会与市委宣传部、市文明办、市委市级机关工委等四部门联合开展以“汇聚人道力量，共建幸福无锡”为主题的“红十字人道万人捐”活动。五年来，筹资工作力度逐年加大，筹资品牌影响力逐年提升。2008 年筹集 256 万元，2009 年筹集 753 万元，2010 年筹集 792 万元，2011 年筹集 1 344 万元，2012 年筹集 1 709 万元，五年市本级共计募集 4 854 万元。经过数年的精心打造和各部门的通力合作，“红十字人道万人捐”已成为无锡市红十字会的一项重要的大型爱心行动和精神文明建设的特色公益品牌，对充分发挥红十字会作为政府在人道领域有力助手的作用，切实改善民生，增强人民群众的幸福感做出了重要的贡献。

2. *探索建立冠名基金，增强筹资救助能力*　多年来，无锡市红十字会在社会各界的关心支持下，不断探索和创新筹资模式，制定了《无锡市红十字冠名基金管理办法（试行）》，建立了一批红十字冠名基金，为企业和集体定向和非定向捐赠救助提供了良好的服务平台。2009 年以来，先后与市关工委和个体私营经济协会建立了光彩·博爱基金（500 万元），与红豆集团有限公司建立了红十字红豆基金（300 万元）；2012 年，为加强对市属医疗机构中“三无”人员等特殊患者的人道救助和开展全市人体器官捐献医疗救助等工作，与无锡市医院管理中心合作，建立了规模 1 000 万元的红十字博爱仁医基金（已到位 600 万元）；为加强对红十字青少年学生的奖学金、助学金、大病医疗救助和生活困难救助，与无锡市学校管理中心建立了规模 1 000万元的红十字博爱教育基金（已到位 450 万元），共同开展博爱救助行动，取得了显著成效。

3. *合理设置红十字募捐箱，方便社会各界人士献爱心*　2009 年，市红十字会制定了《无锡市红十字募捐箱管理办法》，规范了红十字募捐箱的管理模式，科学合理设置，将全市近 200 只募捐箱分别设置在各景区、商场、超市、银行、医院等人群密集处，特别是在祥符禅寺住持无相法师的支持下，在灵山景区设立了大型募捐箱，方便社会各界人士献爱心。将募捐箱的日常管理工作委托市红十字筹资劝募队志愿者负责。筹资劝募队志愿者认真管理、积极奉献，在红十字会的监管下，在设箱单位的配合下，认真做好募捐箱的增设、箱款清点和日常监管工作，做到了管理严谨科学、志愿服务常态、手续交接完备、账目清点清楚，公益成效明显，迄今共筹集善款 30 多万元。

4. *尊重企业和个人意愿，开展定向筹资救助* 市红十字会充分尊重社会各界的意愿，积极开展定向助医、助学、助困活动。2010 年，与市慈善总会共同建立年规模达 200 万元的救助项目，开展市区贫困白血病患者的救助项目；社会各界爱心人士为残疾自强女孩周明珠、先心病患儿小佳欣等特困对象定向助医。约克空调公司积极参与“红十字励志奖学金”，出资 1 万美金定向认捐资助贫困准大学生；郎酒集团捐资 30 万元开展“郎助郎，上学堂”助学项目；二泉网络志愿者团队七年如一日资助宜兴山区贫困生 16.2 万元。积极为企业和个人捐资助困牵线搭桥，2008 年以来，我市红十字会先后为上百家企业和千余名爱心人士捐资助困牵线搭桥，接受转赠物资 639 万元，受益困难群众逾万户，得到了社会各界的欢迎和好评，红十字人道、博爱的精神得到了充分的彰显。

5. *积极沟通协调，确保备灾准备金保值增值* 主动与财政部门沟通协调，取得理解支持。目前，我市备灾准备金按一年定期利率计算，每年通过利息增值可达 100 万元以上。

应急情况下的救灾筹资，主要是针对国内外发生的重大自然灾害和国际人道救助，根据上级指示和我市实际而向社会发起的定向应急赈灾筹资。近年来，我市广泛动员社会各界力量积极为青海玉树地震、甘肃舟曲泥石流、西南旱灾、台湾地区水灾、日本海啸等灾区开展赈灾筹资工作，全市先后为灾区筹集赈灾款物共计 3 500 万元（不包括汶川地震救灾募捐）。

二、部门联动阳光操作，提升红十字会公信力

做好红十字筹资工作，必须得到政府的大力支持和部门积极协作；既要动员领导带头，更要促进全民参与；同时落实好项目，取之于民，用之于民；进一步建立和健全各项制度，使资金在阳光下运行，取信于捐赠人。

1. 政府支持，部门协作　市委、市政府十分重视"红十字人道万人捐"工作，2006 年，市委、市政府办公室下发《关于在十一五期间深入开展"红十字人道万人捐"活动的意见》；有关部门通力协作，认真组织，市级机关工委积极做好市级机关公务员和相关事业单位的发动与组织工作，市国资委、人民银行等部门认真协调相关行业企业；统战部、宗教局、台办、侨办、民主党派等部门纷纷发挥独特优势，组织社会各界积极参与；教育局、卫生局、人保局、医管中心、校管中心等部门积极配合，组织各级各类学校、医院的红十字会员开展筹资活动；常务理事和理事积极发挥独特作用，组织和协调本行业、本系统的"红十字人道万人捐"工作；市财政部门大力支持，2012 年起，在市红十字会专项预算中安排了 60 万元的项目支持费专门用于开展募捐工作。各市(县)区委、政府也认真做好对"红十字人道万人捐"活动的组织领导，制订活动方案，抓好组织实施，确保"红十字人道万人捐"工作落到实处。

2. 领导带头，全民参与　"红十字人道万人捐"活动利用"5.8"博爱月每年开展一次，捐资原则是坚持自愿、倡导奉献，不搞摊派，不下指标，不从工资金中代扣，鼓励有收入者捐出一天收入。市四套班子领导、各部门主要领导以身作则，带头捐款；红十字会理事单位、红十字会团体会员单位、红十字会个人会员和志愿者积极参加，广大市民群众和社会爱心人士踊跃参与。充分发挥理事单位和团体会员单位的作用，动员团体会员和个人会员交一次特殊会费，带头实践和弘扬红十字精神；积极鼓励和倡导企事业单位和爱心企业家尽社会责任

和义务。

3. 落实项目，服务于民　市红十字会制定《无锡市红十字会人道救助实施办法》，修订了《人道救助募捐项目书》，设立了3大类30个项目，从结合优秀企业追求持续健康发展、品牌战略和文化建设的需求出发，以项目推动筹资，旨在汇聚人道力量，唤起社会各界的关注。一是开展红十字博爱系列救助工程。近年来，全市红十字系统先后开展应急人道救助3 500多例，青少年大病救助700多例，博爱助学2 000多例，每年开展新春“博爱送万家”活动，迄今红十字人道救助累计受益群体已达10万多户。二是开展红十字关爱生命工程。救助白血病患者、艾滋病患者、先天性心脏病儿童、人体器官捐献者困难家庭。三是开展了红十字人道服务工程。建立红十字志愿者队伍，为弱势群体奉献爱心、传授知识、提供服务；开展红十字救护培训，提高广大群众自我防护能力，普及救护知识人数达50万名；建设社区红十字服务站442个，向社区、学校等基层红十字组织配发救护器材1 000多套。2008年～2012年8月人道救助支出总额达4 452万元，出色地完成了以“三救”“三献”为核心业务的红十字人道救助工作。

4. 健全制度，阳光操作　建立和健全内控机制，注重从制度层面解决制约事业发展的瓶颈。一是建立制度。先后研究制定出台了①募捐工作制度：《无锡市红十字备灾救助金使用和管理办法》、《无锡市红十字募捐箱管理办法》、《无锡市红十字会捐赠物资管理办法》（试行）；②基金使用制度：《无锡市红十字会人道救助实施办法》、《无锡市红十字冠名基金管理办法（试行）》，并依此建立了《无锡市红十字“光彩·博爱基金”使用管理办法》、《无锡市红十字“博爱仁医基金”使用管理办法》、《无锡市红十字“博爱教育基金”使用管理办法》；③机关内部管理制度：《无锡市红十字会议事规则》、《无锡市红十字会财务管理制度》。促进机关规范化建设，推动各项工作再上新台阶，形成以“制度管人、制度管财、制度管物、制度管事”的工作机制，保障我市红十字事业健康发展。二是公开透明。利用网络、红十字简报、无锡日报、江南保健报等媒体向社会做出“两公开两透明”的承诺和行动，建立和运行“捐赠款物公开，财务管理透明，招标采购公开，分配使用透明”的机制，规范内部运行和业务流程。三是主动接受监督。认真做好捐赠款物向社会公告工作，接受财政、审计、纪检部门的监督，每年向理事大会报告备灾救助金财务收支情况，确保红十字会各项资金依法按章运转。

三、开发保护慈善资源，走多元化筹资之路

通过多年来的实践，我们认为开发利用保护慈善资源，是做好红十字筹资工作的前提；走多元化筹资之路，则是做好筹资工作的关键。

1. 合理开发慈善资源，重在提高自身三种能力　一是通过广泛宣传，切实提高红十字会动员号召能力，取得全社会的广泛理解和大力支持；二是通过开展活动，切实提高红十字会组织能力，凝聚人道力量，为红十字事业争做贡献；三是通过服务社会，切实提高红十字会的服务能力，树立为捐赠人服务的理念，全心全意为最易受损害群体服务。

2. 充分利用慈善资源，重在管好用好增值好资金　一是要管好资金。市红十字会先后制定了《无锡市红十字备灾救助金使用和管理办法》、《无锡市红十字冠名基金管理办法(试行)》等文件，形成以“制度管财”的工作机制，保障了我市红十字筹资工作的健康发展。同时，要自觉接受有关部门的审计和监督。二是要用好资金。按照《无锡市红十字会人道救助实施办法》，阳光操作实施人道救助工作，组织开展专项人道救助、定向人道救助和对外援助，发挥资金的最大效益，用好每一分捐款，让最易受损害群体及时得到救助，着力改善民生，促进社会和谐。三是要保值增值好资金。2012 年全市备灾救助金存量超过 9 000 万元，其中市本级达 5 000 万元，在市财政等部

门的大力支持和协调下，目前我市备灾准备金每年按一年期定期利率取得收益，2012 年市本级备灾准备金年利率将达 100 万元，有力地促进了资金增值的最大化。

3. *有效保护慈善资源，重在提升形象和表彰激励* 广泛宣传人道、博爱、奉献的红十字精神和“人人可慈善”的理念，努力形成“慈善光荣，奉献可敬”的社会氛围。首先要树立良好的筹资品牌，保护捐赠人的捐赠积极性，提升红十字会公信力，建立“高效、透明、规范”的管理体制和运行机制；其次是要建立激励表彰机制，定期对募捐工作先进集体和个人进行表彰，形成“争先恐后”为红十字事业做贡献的良好局面。

4. *增强红十字综合实力，重在走多元化筹资之路* 筹资工作不是单一的募捐活动，即不能仅仅局限于向社会募集捐款，而是要从发展红十字事业的高度，进一步广开渠道，努力争取各方支持，走多元化筹资的道路。既要动员社会力量，整合社会慈善资源，组织开展募捐活动，更要积极争取政府、有关部门和红十字冠名(团体)单位的支持，促进红十字核心业务和红十字筹资工作良性互动，有力地支持红十字事业持续健康发展。一是积极争取市财政对红十字事业经费的投入，保障红十字事业发展的需要。二是积极争取各有关部门支持，如我市民政局从福利彩票公益金中拨出资金用于开展救护培训项目；市人保局今年起每年从全市医保资金结余部分中拨出 5%(2011 年为 2 000 万元)支持红十字会开展大病医疗救助工作。三是积极争取冠名(团体)单位的支持，实现 100%缴纳会费，为发展红十字事业提供资金支持。

(作者单位：无锡市红十字会)

红十字会"枢纽型社会组织"建设刍议

张宝马

枢纽型社会组织建设是在加强和创新社会管理、推进社会建设新形势下逐步探索和形成的一种新模式。红十字会是党和政府在人道工作领域的得力助手,是社会主义和谐社会建设的重要力量和精神文明建设的生力军,在参与社会建设与加强社会管理中具有独特优势和不可替代的作用。随着加强和创新社会管理的新要求新发展,进一步适应形势,抓住机遇,建设成为"枢纽型社会组织",在中国特色社会管理体系建设中发挥更加积极重要的作用,是红十字会面临的一项新课题,也是事关中国特色红十字事业发展的当务之急。

一、红十字会建设"枢纽型社会组织"的新机遇

(一)加强和创新社会管理新时期提出新课题

社会管理是人类社会必不可少的一项管理活动,加强和创新社会管理是世界各国面临的重要课题。当今世界正处在大发展大变革大调整时期,我国也已进入深化改革开放、加快转型发展的攻坚时期。伴随着经济体制深刻变革、社会结构深刻变动、利益格局深刻调整、思想观念深刻变化,新的社会矛盾、社会问题不断出现,社会管理任务日益繁重,加强和创新社会管理摆在了更加突出的战略地位。十六届六中全会《中共中央关于构建社会主义和谐社会若干重大问题的决定》指出:必须创新社会管理体制,整合社会管理资源,提高社会管理水平,健全党委领导、政府负责、社会协同、公众参与的社会管理

格局。十七大报告指出，支持工会、共青团、妇联等人民团体依照法律和各自章程开展工作，参与社会管理和公共服务，维护群众合法权益。发挥社会组织在扩大群众参与、反映群众诉求方面的积极作用，增强社会自治功能。2011年胡锦涛在省部级主要领导干部社会管理及其创新专题研讨班开班式上发表重要讲话，强调进一步加强和完善社会管理格局，切实加强党的领导，强化政府社会管理职能，强化各类企事业单位社会管理和服务职责，引导各类社会组织加强自身建设、增强服务社会能力，支持人民团体参与社会管理和公共服务，发挥群众参与社会管理的基础作用。这一重大战略决策和部署对社会组织建设提出了全新的命题，更为社会组织参与社会管理提供了广阔的发展空间。

（二）社会组织发展新形势提出新任务

社会组织是为了实现特定的目标而有意识地组合起来的社会群体，如政府、企业、学校、医院、社会团体等。当前所说的社会组织指政府系统、市场系统之外存在的公民社会组织，它具有非政府性、公益性、民间性、志愿性、相对独立性等一系列特征。由民政部门登记的社会组织包括社会团体、民办非企业单位、基金会，而事实上我国社会组织范围十分广泛，包括人民团体、国家规定免登记的社会团体、社区民间组织，以及在其他部门登记或者挂靠在合法组织名下或者根本就没有登记的各种民间组织[1]。我国自1998年先后制定《社会团体登记管理条例》、《民办非企业单位登记管理暂行条例》、《基金会管理条例》，2006年《中共中央关于构建社会主义和谐社会若干重大问题的决定》首次提出“健全社会组织，增强服务社会功能”。根据民政部发布的《2011年社会服务发展统计公报》，截至2011年底，全国仅民政部门登记的社会组织达46.2万个，其中社会团体25.5万个，民办非企业单位20.4万个，基金会2 614个[2]。社会组织快速持续发展，涵盖社会各领域，但是与此同时，良莠不齐、质量较低、活力不强、作用发挥不明显的问题也日益突出，必须积极引导加以规范。

中国红十字会是中国加入的日内瓦公约及其附加议定书的法定履约者，具有特殊地位，任何组织无法替代[3]；同时又是《中华人民共和国红十字会法》赋权的从事人道主义事业的社会救助团体，历史最悠久、范围最广泛、影响力最大，对于其他社会组织的发展具有重要的引领示范意义。红十字会在社会组织发展和完善的关键阶段，可以赢得难得的发展机遇，争取更有利的发展条件。

（三）中国红十字事业健康可持续发展新纲领提供新动力

2012年7月10日国务院出台《关于促进红十字事业发展的意见》，从中国特色社会主义事业、加强和创新社会管理、社会主义核心价值体系的高度，阐述了发展红十字事业的重要意义。特别是第一次正式提出发展红十字事业有利于建设中国特色社会主义社会管理体系，不仅肯定了红十字事业的人道救助性质，也赋予了红十字会参与社会管理的价值理念和发展定位，这是对国家红十字会的“双重价值”定位。发挥人道救助职能与参与社会管理是相互促进的。红十字会广泛动员社会力量，充分调动社会资源，作为政府人道工作领域的助手，致力于改善最易受损害群体境况，其本身必然有利于社会管理，但这并不代表主动从社会管理的价值理念和发展定位出发。人道主义和社会管理的“双重定位”，决定了红十字会必须主动参与和服务于社会管理，寻求参与社会管理与人道救助的最佳结合，建设“枢纽型社会组织”有利于更好地实现红十字会的价值理念的“双重定位”。

（四）国际红十字运动新战略提供新方向

中国红十字会是国际红十字运动的重要成员，依照日内瓦公约及其附加议定书，遵循国际红十字运动七项基本原则，按照国际红十字运动发展的共同战略实施行动。同时，“独立原则”确立国家红会是本国政府的人道助手并受本国法律的制约[4]。中国红十字会是中国统一的红十字组织，贯彻执行《中华人民共和国红十字会法》，是从事人道主义事业的社会救助团体。因此，红十字会还具有其独特的“双重身份”。《国际红十字与红新月运动战略》(2005年修订)提出:“各国红会更要贴近本国易受损群体”;“不断评估那些公共部门和其他组织不能满足的需求,并相应地确立和调整工作重点”;“各国政府和国家红会间存在一种独特的关系,这种关系给双方都带来许多益处。国家红会对政府的助手作用是建立在国际人道法基础上的。这一助手角色使得国家红会具有特殊的身份,既是私营机构同时也是公共服务组织”;“这样就需要在政府和红会之间的合作与保持红会独立性方面达到一种合理的平衡”[4]。2007年在日内瓦召开的30届红十字与红新月国际大会上通过的第二项决议中明确指出:“各国红会是政府在人道领域的助手,各国政府和各国红会在各个层面上享有特殊和显著的合作关系,双方相互负责、互惠互利,此种关系具备国际和国家法律基础,国际和国内法律规定了双方就各国红会可在哪些领域为政府人道服务提供补充或替代性服务。”[5]《2010战略》分析了国际红十字运动面临的新环境,认识到“政府越来越多地将其服务职能交给了市场,由不断增多的志愿团体来完成。在这种危机与机遇并存的环境中,推动红十字会和红新月会的行动更适应本地受损人群”。《2010战略》因此将“社区卫生与关怀”确立为红十字会和红新月会行动的四大核心领域之一[4]。《2020战略》进一步将“创造健康安全的生活”、“保护民生”作为战略目标的内容,同时,在“运转良好的国家红会”概念的基础上,《2020战略》将“建设强大国家红会”作为红十字会和红新月会的行动之一。红十字会参与社会管理、建设“枢纽型社会组织”,不仅符合而且能够更好地实现国际红十字运动战略目标和行动。

二、红十字会建设“枢纽型社会组织”的基本内涵

(一)“枢纽型社会组织”实践分析

2008年北京市出台《关于加快推进社会组织改革与发展的实施意见》[6],首次提出“加快推进政社分开、管办分离,构建枢纽型社会

组织工作体系”。主要做法是以人民团体为骨干，确认一批“枢纽型社会组织”，或者通过改造、提升、新建等形式，构建一些新的“枢纽型社会组织”；其他社会组织按照工作性质和业务类别纳入枢纽型社会组织管理体系进行分类管理。“枢纽型社会组织”一是承担业务主管单位职责，对相关社会组织进行业务审查、日常管理、提供服务，大部分行政部门只行使行业指导，不再作为社会组织业务主管单位，也不再接收新的社会组织申请，同时过去没有“主管部门”的“草根”组织也有了“挂靠单位”；二是发挥枢纽作用，成为党和政府与社会各界群众广泛联系的桥梁和纽带；三是发挥龙头作用，联合同类别、同性质、同领域的社会组织，促进社会组织自我管理、共同发展。2009 年北京市社会建设工作领导小组首批认定 10 家市级“枢纽型社会组织”，其中北京市红十字会负责医疗救助类社会组织的联系、服务和管理。北京市红十字会主管、联系、培育相关社会组织，特别是搭建集社会组织公共服务集成平台、红十字志愿服务孵化基地、红十字社区民生服务窗口为一体的“红立方”[7]，发挥了“枢纽型”组织作用。

除北京市之外，有关“枢纽型社会组织”的信息不断见诸互联网报道，做法各有不同。广东省在全省推动“枢纽型社会组织”建设[8]，广东省民政厅发布《对构建枢纽型社会组织工作体系的建议》，把“枢纽型社会组织”定义为社会组织的一种类型，即指通过合法登记或政府部门认定的，在现有社会组织体系中处于枢纽地位，通过健全的组织系统和有效的服务支持，加强统筹协调与纽带联系，促进同类型、同性质、同领域社会组织健康有序发展的社会组织，主要职责有五项：孵化培育、协调指导、自治自律、集约服务和党团建设[9]。上海市静安区等地在区、街道分别成立区域性社会组织联合会，在各系统成立领域类社会组织联合会[10]。江苏省南京市召开全市社会建设推进会，印发《关于加强街道枢纽型社会组织建设的意见》，力争用 3 年时间，在街道（镇）普遍建立“枢纽型社会组织”，形成“以社管社”的服务管理体制机制[11]。爱德基金会以成为“枢纽型社会组织”为目标，在南京以及与南京市白下区、南通市崇川区合作创办社会组织培育机构，为社会组织在组织评估、组织管理与服务技能培训、组织管理与服务督导、社区服务项目开发、社会组织交流平台搭建等方面的工作提供服务，向有需要的社会组织提供共享的工作空间，通过专业的咨询、培训辅导和资源链接，帮助社会组织在机构治理、团队建设、服务能力以及资源拓展等方面获得全面提升，培养并增强社会组织可持续发展的能力[12]。

北京市红十字会建设“枢纽型社会组织”的实践对于各地红十字会系统建设“枢纽型社会组织”工作有着直接的指导意义。其他地区、领域、组织的“枢纽型社会组织”建设工作对于红十字系统建设“枢纽型社会组织”同样具有重要的参考价值和借鉴作用。从上述“枢纽型社会组织”实践看，有下列特征值得关注。

1. 创新性　“枢纽型社会组织”目前还只是一个社会管理创新和实践意义上的概念，这项工作也刚刚起步，在不同地区、不同领域、不同层面的实践中亦有不同的理解和做法，某种程度上讲存在一定的“乱象”，认识程度、工作进度、推进力度不一，有待进一步探索、研究和总结。

2. 实践性　对于“枢纽型社会组织”的性质、内涵、功能仍处于实践之中，尚无定论。政府认定只是一部分社会组织（例如北京市红十字会）取得“枢纽型”地位的一种形式，但是政府认定并不一定能得到社会认可或者至少是社会组织的认同。有文章表明，北京市实施“枢纽型社会组织”工作体系后，有民间组织持质疑态度，其中包括对首批 10 家“枢纽型社会组织”身份的质疑，也有认为与过去的双管制没有区别[13]。2011 年上半年有关报道称北京市 22 家“枢纽型社会组织”已经与 24 000 多家各类民间组织建立初步联系[14]，北京市红十字会到 2011 年上半年仅主管社会组织 7 个、联系 12 个、培育 6 个，其中红十字志愿服务组织占有一定的比例[15]。

3. 竞争性　广东省民政厅建议“枢纽型社会组织”可以作为社会

组织的一种类型进行登记，为“枢纽型社会组织”竞争性发展提供了空间。像爱德基金会主动创办枢纽型社会组织，体现了“枢纽型”建设为社会组织发展提供了新的机遇，社会组织完全可以借助“枢纽型社会组织”发展的平台抢占先机、争得主动，赢得更多的社会资源。

（二）红十字会建设“枢纽型社会组织”的基本内涵探讨

如何面对“枢纽型社会组织”发展的形势，借鉴“枢纽型社会组织”实践经验，结合红十字会实际，准确把握“枢纽型社会组织”的实质和内涵，是红十字会建设“枢纽型社会组织”的迫切要求。“枢纽型社会组织”的前提是属于社会组织，红十字会是享有法定和独特地位的人道救助团体，具有特定的目标、宗旨和公益特征，具备严格而广泛的组织体系和运行机制，符合前提条件毋庸置疑。把握“枢纽”特征，是红十字会建设“枢纽型社会组织”的关键。

1. “枢纽”地位　红十字会的“枢纽”地位要从两个层面理解：社会管理、社会组织管理。我国社会管理的格局是党委领导、政府负责、社会协同、公众参与。社会管理的基本任务包括协调社会关系、规范社会行为、解决社会问题、化解社会矛盾、促进社会公正、应对社会风险、保持社会稳定等方面。社会管理说到底是对人的管理和服务，着力解决好人民最关心最直接最现实的利益问题，始终保持党和政府同人民群众的联系。红十字会以保护人的生命和健康为宗旨，有助于保障和改善民生，是政府的人道助手，是政府与社会、政府与困难弱势群体的重要桥梁和纽带，同时也凝聚了红十字会基层组织、红十字志愿者组织力量，在这个意义上具有与生俱来的“枢纽”的特质和地位。但当前讨论的“枢纽”的含义不仅仅在于此，“枢纽”更重要的定位应当是基于社会组织管理的理解，是相对于其他社会组织的另一种地位。随着政府行政管理体制改革和“政社分开、管办分离”，大量的社会组织脱离行政部门的管理，还有许多“草根”组织原本就没有“主管部门”或者“挂靠单位”，同时社会组织的培育和发展也需要社会支持并保持良好秩序，这就需要有一部分社会组织对这些分散的社会组织建立起联系，按照类别、性质、领域、地域承担起管理、服务职责。能够承担起这些管理和服务职责的社会组织即居于“枢纽”地位。以类似于行政的方式确定人民团体和一些社会组织作为“枢纽”或者一些地方成立“区域性枢纽型社会组织”都是一种过渡，是从政府直接管理向社会自主管理的转变，这种方式具有积极的方面。一是在社会组织脱离政府部门之后能够起到协同政府管理的作用，甚至做好党建工作，因此作为政府与广泛的社会组织之间的桥梁和纽带；二是有利于发挥这些“枢纽”组织更好地参与社会组织管理作用，促进社会组织自身建设；三是从社会组织登记都需要有一个业务主管审批的层面去理解[16]，这种方式操作便利，确有它的现实意义。但是，这种方式又会导致对社会组织的分类过于简单和狭窄，将意愿强加于其他社会组织而忽略了他们的需求，或者被确定为“枢纽”并不代表就能够为其他社会组织提供有效的管理和服务而真正成为“枢纽”。政府购买服务，或者将横跨多个领域的项目交由某个组织牵头实施也是培育枢纽型社会组织的途径。但是，爱德基金会自主创办“枢纽型社会组织”的实践又是很值得思考的案例。随着社会组织的成熟和发展，行政权会逐渐淡出社会组织的管理，以其为其他社会组织提供管理和服务而成为枢纽或者能够成为枢纽的社会组织会越来越多，原先取得的“枢纽”地位也可能会失去，“枢纽型社会组织”与其他社会组织的角色地位可能会换位、交叉。某个地方红十字会成为“枢纽型社会组织”，不代表其他地方的红十字会就必然或者能够成为“枢纽型社会组织”。因此，红十字会要发挥自身“枢纽”特质优势，率先承担起“枢纽”职责，以人道主义精神为核心，将工作性质、领域、区域、目标、内容等相近或者相关的社会组织吸纳到“枢纽型社会组织”体系之中；但“枢纽”地位最终取决于是否具备相应的能力，是否能得到政府和社会的信任，是否能为其他社会组织提供真正的管理和服务，是否有利于社会组织的共同发展。

2.“枢纽”能力　能力是作为“枢纽”的关键，也是发挥“枢纽”作用的基础。“固本强基”，加强红十字会自身建设和能力建设是保持红十字会事业健康可持续发展的根本。第一，自身建设最重要的是“三制一力”，即体制、机制、制度和工作竞争能力[3]。红十字会要加快理顺管理体制，发展地方红十字会、基层红十字会组织、红十字志愿服务组织，不断壮大会员和志愿者队伍。要着力完善治理结构，健全工作运行机制。社会组织之间的竞争不可避免，包括资源的竞争、服务的竞争、自我发展的竞争等等，有序竞争促进社会组织的共同发展，红十字会要积极参与竞争，增强竞争的实力，通过竞争当好“枢纽”。第二，在实际工作中，红十字会的“能力建设”内容是广泛的，包括运筹能力、筹资能力、执行能力、监管能力，也包括适应能力、创新能力、公关能力、文化建设能力等方面[17]。因此，红十字会必须加强队伍建设和人才培养。这些能力不仅是实现红十字事业发展所必需的，也是作为“枢纽型社会组织”所必备的。第三，凝聚力和公信力。2011 年“网络风波”深刻地说明，秉承人道主义的核心价值使得红十字会具有凝聚力的优势，但同时公信力是红十字会的生命力。从民事主体上看，社会组织之间享有同等的独立地位，其他社会组织加盟到“枢纽型社会组织工作体系”之中，并不是因此成为这个“枢纽型社会组织”的成员，“枢纽型社会组织”也不因此强加给其他组织附加条件。《北京市红十字会“枢纽型”组织管理办法》第四条规定：“以下类型社会组织可申请以北京市红十字会为业务主管单位：(八) 其他有助于红十字事业发展社会组织。”有待商榷[18]。“枢纽型社会组织”与其他社会组织之间的联合更多的是合作共赢，优势互补，资源共享，坚持公益性质，体现公开效率，这样才能得到政府和社会组织的信任，才能凭借公信力增强凝聚力。

3.“枢纽”机制　机制是运行和操作层面的问题，解决怎么做，以及回答实现什么功能，往往被作为某种模式进行总结和推广。总结各地“枢纽型社会组织”的实践，以下几方面可供参考：一是建立组织机制。这里的组织机制不是指组织内部的组织结构形式，而是“枢纽型社会组织”与其他社会组织联合的方式，或者说是“枢纽型社会组织工作体系”。上海采用了“联合会”方式；北京市红十字会建立社会组织会员大会或会员代表大会、理事会、常务理事会制度，制定了章程，明确社会组织管理的经费来源、资产管理、红十字会标志和社会组织会徽管理等事项，使得社会组织管理有章可循。联合会的形式使得“枢纽型社会组织工作体系”有一个可见的载体，提高社会组织的主体性和归属感，能够为“枢纽型社会组织”开展工作奠定良好的基础。二是建立培训、指导、管理、服务机制。通过开展政策咨询、业务指导、专业培训、人才培养、组织评估、财务法律服务等工作，不断提高社会组织的管理水平和业务能力。作为“业务主管部门”的枢纽型社会组织承担相应的审查评估工作。三是建立社会组织培育机制。通过提供资金、基地、培训、人才、技术、服务、项目等方面，孵化培育新的社会组织特别是新型社会组织，不断满足社会需要。四是建立沟通协调机制和信息平台。加强相互之间的沟通协调，建立共同目标和行动纲领。认真开展调查研究，反映政府意愿，倾听社会组织诉求，为社会组织解决实际困难，化解社会矛盾。建立网站等专门的信息平台，坚持公开透明，为社会组织信息管理以及社会组织之间共享信息资源提供方便。五是建立业务合作机制。“枢纽型社会组织”不是简单地向其他社会组织让渡自己的利益，更不是与其他社会组织争利，而是业务的“共同体”，“枢纽”起“龙头”的作用，包括共同动员、整合、享有社会资源，优化资源配置，畅通社会资源流向社会需求的渠道，以更强大的执行力赢得政府更多的购买服务支持，承担政府涉及多个领域的项目；共同开发创新公益项目，创新理念，集中资源和优势打造品牌项目；共同预防和应对组织风险，增强抗风险能力，强化内部约束和社会监督，建立联合抵御风险的机制，联合开展社情民意调查，及时化解风险危机。

4. “枢纽”目标　红十字会建设“枢纽型社会组织”，一是成为社会管理的担当者。红十字会参与社会管理，不仅是红十字事业发展的需要，也是社会组织履行社会责任的起码要求。更加全面深刻地认识红十字事业发展的重要意义，更好地履行红十字会的职责，当好党和政府人道助手的重要作用，有利于在加强和创新社会管理中发挥重要的作用。二是成为社会组织的示范者。建设“枢纽型社会组织”，更加着力推进红十字事业的改革创新，不断加强自身建设，增强公信力、凝聚力、影响力，强化自身实力，增强服务社会和群众的能力，有利于建设“强大的国家红会”。三是成为社会组织发展的助推者。建设“枢纽型社会组织”，成为党和政府与社会组织联系的桥梁纽带，推动社会管理体制由政府直接管理向社会自主管理的转变，加强社会组织培育，增强社会组织活力，强化社会组织的规范引导和服务，有利于社会组织自主发展。四是公益服务的领跑者。合作是角色定位，是工作机制方式，也是“枢纽型社会组织”的一个目标。以人道主义精神为核心，红十字会发挥龙头作用，与其他社会组织共建共享、互尊互信，互助互惠，产生集约效应，有利于建立良好的社会组织管理秩序，提供更加完善和专业的公益服务。

三、关于红十字会建设“枢纽型社会组织”工作的几点建议

1. *增强意识*　胡锦涛指出，加强和创新社会管理，是继续抓住和用好我国发展重要战略机遇期、推进党和国家事业的必然要求，是构建社会主义和谐社会的必然要求，是维护最广大人民根本利益的必然要求，是提高党的执政能力和巩固党的执政地位的必然要求，对实现全面建设小康社会宏伟目标、实现党和国家长治久安具有重大战略意义。红十字会要从理解和把握加强和创新社会管理重大意义出发，从促进红十字事业健康可持续发展出发，增强参与社会管理的积极性、主动性和责任感，找准“枢纽型社会组织”的切入点，在加强和创新社会管理中发挥积极的作用。

2. *争取主动*　以学习贯彻《国务院关于促进红十字事业发展的意见》为契机，积极争取党委、政府领导重视和社会支持，寻求有利的

法制环境、政策环境、舆论环境，认真处理好与政府、与其他社会组织、与社会组织登记机关之间的关系，处理好“枢纽型社会组织工作体系”与依法管理社会组织的关系，找准定位，科学谋划，着力推进。加强业务规范和指导，建议上级红十字会推广试点和总结先进经验，尽快出台专项指导意见。做好应对机制的建立、调整和完善，从机构、人、财、物等方面加以保障，主动应对，把握先机。

3. *求真务实* 结合实际，认真分析加强和创新社会管理的形势与任务，准确把握“枢纽型社会组织”建设的内涵和要求，认真学习先进经验，建立工作网络，措施扎实，务求实效。创新工作，创新理念、机制、制度和管理，创新平台和项目，积极探索建设“枢纽型社会组织”的有效途径。加强宣传，引导观念更新，充分凝聚社会组织力量，吸引广大社会组织，凸显“枢纽型社会组织”作用。

4. *立足长远* 加强和创新社会管理是一项重大而紧迫的任务，也是一项长期工程。要立足长远目标，制定工作规划和阶段性工作计划，明确目标和任务，建立长效工作机制，确保工作有序推进。注重发现培育典型，在不同地区、不同层级红十字会开展试点工作，推广先进经验，发挥典型示范引导作用。建立评估体系，完善信息收集、分析和披露平台，不断提高管理水平。

参考文献：

[1] 周红云. 中国社会组织管理体制改革：基于治理与善治的视角. 中国政府创新网，2011-09-30，http://www.chinainnovations.org/Item.aspx? id=32948

[2] 民政部发布 2011 年社会服务发展统计公报. 全国民政门户网，2012-06-21，http://www.mca.gov.cn/article/zwgk/mzyw/201206/20120600324725.shtml

[3] 吴瑞林. 服务大局　弘扬红十字文明. 中国江苏网，2011-12-30，http://life.jschina.com.cn/system/2011/12/30/012419040.shtml

[4] 中国红十字会总会编译. 国际红十字与红新月运动基本文件汇编. 2008. 6，61，147，154

[5] 郝林娜. 促进社会公平化解社会矛盾. 搜狐网，2012-02-24，http://roll.sohu.

com/20120224/n335771395. shtml

[6] (北京)关于加快推进社会组织改革与发展的意见. 北京社会建设门户网站,2009－10－30,http://www. bjshjs. gov. cn/78/2009/10/30/3@570. htm

[7] (北京)全市首个 999 社区综合服务站在大兴区启用. 首都之窗网,2011－05－31,http://www. beijing. gov. cn/zfzx/qxrd/dxq/t1160879. htm

[8] 丁凯. 构建枢纽型社会组织体系. 南方日报,2012－07－28(A09)

[9] 枢纽型社会组织的罗湖实践. 深圳民政网,2012－06－04,http://www. sz. gov. cn/szmz/xxgk/zhxx/xwdt/mtgz/201206/t20120604_1920576. htm

[10] 张大明."枢纽型"社会组织参与社会管理的思考. 中国社会组织网,2012－09－21,http://www. chinanpo. gov. cn/1800/56951/index. html

[11] 3 年内街道普建枢纽型社会组织. 新华报业网,2012－09－27,http://js. xhby. net/system/2012/09/27/014723546. shtml

[12] 南通市崇川爱德社会组织建设中心第一期社会组织入驻招募公告. 爱德基金会网,2011－11－10,http://www. amityfoundation. org. cn/article/view. aspx? id=5616

[13] 王辉. 北京枢纽型社会组织申请遭致冷遇. 中国发展简报,2009－08－01,http://www. chinadevelopmentbrief. org. cn/qikanarticleview. php? id=991

[14] 北京市创新社会管理体制构建"枢纽型"工作体系. 北京共青团网,2011－02－20,http://www. bjyouth. gov. cn/mtjj/350897. shtml

[15] 北京市红十字会社会组织党建工作委员会正式成立. 红十字网,2011－03－08,http://xw. hongsz. com/info/2011－3/100110001000_201134162724. shtml

[16] 兰建勇. 我国民间组织发展的现状及存在的主要问题. 中国论文下载中心,2008－09－05,http://www. studa. net/jingji/080905/17095226－2. html

[17] 池子华. 红十字会"能力建设"的理论思考. 中国红十字会网,2011－04－21,http://www. redcross. org. cn/zx/gzyj/201104/t20110420_42162. html

[18] 北京市红十字会"枢纽型"组织管理办法. 北京市红十字会枢纽型社会组织门户网,http://rcoa. ypsky. cn/rcoa/home/show/68

(作者为扬州市红十字会秘书长)

红十字会参与社会管理创新的路径

倪　瑾　孟纬鸿　陆　洋

国务院《关于促进红十字事业发展的意见》(国发〔2012〕25号)强调,发展红十字事业是加强和创新社会管理、保障和改善民生的现实需要。按照"党委领导、政府负责、社会协同、公众参与"的社会管理创新的总体架构,中国红十字会作为受国际红十字组织和中国政府双重赋权的社会团体,完全可以在社会管理中发挥更加重要而独特的作用,成为党和政府人道主义工作领域最得力的助手。研究红十字会与社会管理创新的相关性及其独特作用,不仅可以进一步优化工作路径,而且还可以为更多社会组织参与社会管理提供借鉴。

一、红十字会职能与社会管理创新的相关性解析

社会管理的基本任务包括协调社会关系、规范社会行为、解决社会问题、化解社会矛盾、促进社会公正、应对社会风险、保持社会稳定等方面,其内容和范围非常广泛,几乎涵盖了社会生活的各个领域和过程。当前,我国正处于发展的重要战略机遇期,同时也处于社会矛盾凸显期,发展中不平衡、不协调、不可持续问题依然突出,面对如此庞大的社会职能,迫切需要进一步加强和创新社会管理。那么,社会管理创新到底创什么?新在哪里?一个重要的理念就是让社会和群众真正参与进来,发挥他们的力量和智慧。最大限度地发挥社会团体等社会组织的作用无疑是社会管理创新的重要体现。

起源于战场救护的国际红十字运动是人类文明进步的结晶和共

同财富。150 多年来，始终奉行“保护人的生命和健康，保障人的尊严；促进人与人之间的相互了解、友谊和合作，促进持久和平”的宗旨，遵循“人道、公正、中立、独立、志愿服务、普遍、统一”的七项基本原则，弘扬“人道、博爱、奉献”的红十字精神，致力于“动员人道力量、改善最易受损害群众的境况”，无论在战争年代，还是在和平时期，无论是自然灾害肆虐的地方，还是事故灾难现场，都发挥着独特的、不可替代的作用。在我国，《红十字会法》赋予了各级红十字会备灾救灾、应急救护、社会救助、红十字青少年、社区服务、志愿服务、造血干细胞和遗体器官捐献、国际救援、传播国际人道法、预防艾滋病宣传教育、国际交流与合作等法定职责。可见，无论是国际红十字运动的理念，还是红十字会的具体职责，都与社会管理的目标任务高度关联，具有内在的统一性，表现为理念上的一致性、目标上的同向性、职能上的互补性，尤其是在开展人道救助、反映民生诉求、化解社会矛盾等方面具有更为独特的优势。

二、红十字会参与社会管理创新的路径选择

红十字组织的国际性、公益性、志愿性、非营利性等特点，以及红十字运动的七项基本原则和对公平正义的追求，决定了其在社会管理创新中可以有更多作为，具体参与路径主要体现在以下几个方面：

1. *政府应急管理的参与耦合*　加强应急救护培训、备灾基础工作和红十字志愿者救援队伍建设，提高社会公众对危机的防范意识，并在自然灾害与突发事件中整合更多的资源，协助政府开展救援救助，是红十字会参与社会管理最重要的职责。这种应急管理上的独特优势体现在两个方面：一方面，红十字会组织的功能定位与防灾减灾能力建设的内容十分吻合。《中国的减灾行动》中提出的九项能力建设任务可以归纳为四方面的内容：提高全社会防灾减灾意识、提高公众自救互救能力、无灾时社会各界的防灾备灾和有灾时高效的灾害救援。而这些恰恰都是红十字会的功能所涵盖的。另一方面，我

国红十字会健全的组织网络能在资源和体制方面为防灾减灾能力建设提供有力支持。功能的耦合是红十字会组织能够参与防灾减灾建设的前提,组织完备、实践经验丰富、国际性和公信力强等独特优势是红十字会发挥重要作用的保证。

2．社会弱势群体的关怀纾困　社会资本的丰富性是红十字会等社会团体的一个显著特点。社会资本包括社会资金和自愿服务力量等。社会团体的非营利性,踏踏实实地为群众服务、为政府排忧解难,往往更能够赢得群众的信任和政府的支持(包括政策和财力),为倡导动员企业和个人捐款捐物、参与公益事业奠定了良好的基础和公信力,各级红十字会在这方面都扮演着重要角色。红十字会通过募款、募物,把社会的财富集中起来进行"三次分配",去救助那些处于社会最底层、最困难、最易受损害甚至面临生存威胁的群体,给予的经济救助与生命关爱,不仅可以使社会弱势群体得以纾困,而且发挥着降低社会风险、维护社会稳定最后一道保险网的作用。假如这道最后的网也被击穿了,最困难的群体、最易受损害的人群求助无门,社会稳定就会受到严重威胁。

3．社会价值追求的倡导引领　《意见》充分肯定了红十字会在精神文明建设中的生力军作用,这个作用主要体现在以下三个方面:一是培育公民志愿精神。通过开展各种形式的倡议和实践活动,动员组织红十字志愿者、义工参与社会服务,并在此过程发现和培植博爱典型,以文明典型引领,促使人们关怀社会、奉献爱心,从而潜移默化地培育社会公益意识和志愿精神,建立公共道德,提升整个社会的文明水平。二是推进公民社会建设。大力发展红十字基层组织,并使之成为社区公共服务的重要载体、志愿服务的实践基地、社会公益组织的孵化中心,通过开展各种社区服务,培育自我服务、自我管理的公民意识和社会责任。三是促进优秀文化的融合。人道、博爱、奉献的红十字精神中所蕴涵的文化内涵,就是一种高尚的价值导向,不仅与中国传统文化紧密融合,而且与构建和谐社会在价值上是统一的。

加强红十字会文化建设,用人道的精神感化世人,是中华文明内涵的有效拓展。

4. *政府职能转变的支持促进* 红十字会在了解弱势群体的社会需求、协调社会利益主体关系、推进社会融合和解决社会问题方面具有政府与市场均不可替代的独特优势。在政府转型过程中,一方面,可担当政府与社会的中介角色。在政府与民众之间以及利益群体之间提供一种有效的沟通渠道,钝化社会矛盾,促进社会和谐稳定。另一方面,可承载政府转型后的部分公共管理服务职能。随着政府职能的转换,将有更多的社会管理服务功能需要红十字会等社会组织来承担。一是承担一些直接微观管理职能,促进政府职能从直接微观管理向间接宏观管理转变;二是承担一些公共服务职能,通过政府购买服务的方式,让政府从大包大揽的直接服务中解放出来,也使社会组织在社会服务领域发挥更大的作用并获得更广泛的社会资源;三是依托社会团体接近社会、能够敏锐地发现社会需求的优势,更加准确高效、低成本地提供公共产品和服务。政府可以根据各类社会组织的专业特长及承载能力,主动地、有意识地收缩自己的权力,将一些社会微观管理工作让渡给它们。

5. *红十字会独特优势的发挥* 一是发挥红十字会在民间外交上的独特优势,参与国际交流合作。如通过与外国红十字会进行合作,引进和利用国外先进的理念、知识、技术和资金、项目,开展国际交流合作;通过民间外交渠道对国际决策过程施加影响,使我国的利益和愿望能够较多地体现在国际性的民间和官方决策中;更多地在实施人道主义援助、生态保护等全球事务中发挥积极作用等。二是利用社会团体的创新性,帮助政府开展一些试验性工作。如对造血干细胞、遗体器官捐献等比较敏感的工作进行试点推广,对一些有风险、前景不明确的社会问题进行政策性探索,在取得成功的经验之后,通过政府力量加以推广,以控制或避免盲目实施的风险,降低创新失败的成本。三是开展一些专项性社会动员,完成政府不便出面的工作。

如红十字会从人道主义出发，动员社会力量支持资助人道事业，组织志愿服务，动员捐髓、献血，动员捐献遗体、器官等。四是在政治领域的适度参与，包括唤起民众公共意识，引导公民理性化地参与政府决策过程，促进社会公平正义，推进社会主义民主政治建设等。

总之，红十字会作为社会团体，政府做得好的，我们不必去做；政府做得不足需要我们参与的，我们补充去做；政府暂时顾及不到的同时希望我们做的，我们努力去做。

三、红十字会在社会管理创新中的角色定位

政府在发挥社会管理主导作用的同时，让红十字会等社会组织在社会管理具体事务中更多地担当是一个富有创新精神的选择，并已成为一种社会共识。而红十字会自身则更需要科学界定、准确定位与政府的关系，切实担当起社会管理中政府"助手"、行业"枢纽"的角色。需要处理好如下关系：

1. 功能定位上的协同互补　这种关系表现为政府调控机制同红十字会的社会协调机制互联、政府行政功能同红十字组织职能互补、政府管理力量同社会力量互动，从而形成社会管理和公共服务的网络体系与整体合力。

2. 具体事务中的合作交托　红十字会等社会组织能够更直接地了解社会成员的具体需求和利益，及时地向政府反映和表达社会成员、利益群体的意见，并通过政府交托、社会力量动员和社会资源开发，参与管理社会的一些具体事务，尤其是发挥红十字会自身优势，在政府不便出面不宜出面或政府公共保障暂时覆盖不到的部位发挥独特作用。

3. 组织管理上的自律他律　所谓他律，就是政府通过建立制度、制定规则、完善法律，依法加强对各类社会组织的管理监督，更多地扮演裁判员角色。红十字会等社会团体也要在自立与自律上下功夫，加强自律机制和诚信机制的建设，通过建立以章程自律为主要内

容的内部管理机制和治理结构，提高参与社会管理和公共服务的能力，逐步建立规范的自我管理、自我发展的机制，不断提高素质能力，树立良好社会形象和社会公信力。

中国红十字会是受日内瓦公约及其附加议定书等国际法和《中华人民共和国红十字会法》赋权，承担独特职能的社会团体，具有法律保障优势、组织网络优势和国际红十字组织大家庭优势，应当在社会管理中发挥更为重要的作用。各级红十字会要抓住加强和创新社会管理的难得机遇，找准定位，发挥优势，提升能力，积极作为，并努力成为“枢纽型社会组织”，在同类别、同性质、同领域社会组织中有效发挥联系、服务和管理的枢纽作用。

（作者单位：南通市红十字会）

红十字人道主义文化的生命诉求

杨红星

红十字会是世界三大国际性组织之一，与联合国、奥委会齐名。自诞生之日起，红十字人道主义光辉向世界散播，极大地推动了人类社会的文明与进步。时至今日，在全世界最危险、最混乱的地区，红十字的旗帜仍是战乱、贫穷、灾变、瘟疫的重要"克星"，及时、妥善、全身心、无私无怨地践行着生命的承诺和维护着"生命"的尊严。但是，相比于另两大国际组织，民众对红十字会的认知度并不高，这与宣传与研究的相对滞后不无关系。红十字人道主义文化是红十字会个性特征的集中体现，是红十字运动的核心理念和价值追求，同时也是红十字运动研究涉及的首要理论问题。现阶段的红十字研究中，这一问题的专题学术探讨尚属空白，本文对此略作讨论。

一、生命理念：红十字人道主义文化源流考证

作为哲学思想和政治理论的人道主义思想是一个历史范畴，"是一定社会的生产关系的产物，只能在特定的历史阶段出现"[1]。"作为伦理原则和道德规范的人道主义属于人类文明中共同的精神财富"[2]。如果去除阶级的规定性和政治意蕴，"人道主义"一般可理解为"对人的价值的重视，对人的尊严的关注，对人的自由的追求，对人的命运的关怀，对人的幸福的向往，对人的解放的论证，对人的全面发展的憧憬等等"[3]。本文所谈的红十字人道主义有其独特的文化内涵，它以红十字会的人道救助活动为实践基础，以国际红十字运动

的七项基本原则为行动纲领，以改善最易受损害群体境遇为行为目标，以打造生命工程为职能依归。自红十字运动诞生之日起，它就贯穿于红十字的人道行动之中。红十字人道主义这一概念是在20世纪80年代由时任中国红十字会总会宣传部长的熊世琦先生首先提出的[4]，红十字人道主义的提出，“并不是标新立异，而是对历史和现实的承认，把本来就存在的东西加以概括和论述”[5]。这一提法在当时众说纷纭、莫衷一是的关于人道主义的论争中，旗帜鲜明地亮出旗帜，对于加深社会和民众对红十字事业的理解，对于扩大红十字运动的宣传，意义非同寻常。更为重要的是，它为饱尝文革惨痛教训的中国红十字运动指明了前进的方向，坚定了广大红十字工作者为博爱事业而奉献的信心和决心。

红十字运动的强大生命力，蕴藏于它对人类不存歧见的人道主义思想。红十字人道主义源远流长，矗立于红十字运动的圣地——日内瓦的红十字会与红新月会博物馆，以其独特的方式为我们形象而深刻地揭示了红十字人道主义文化的思想渊源。在第一展厅，庄严而醒目的“警句”投影和“狼图”展板首先带领我们进入对红十字人道主义文化的遥远遐想。

警句：红十字会是亨利·杜南创建的，但保护生命的愿望从洪荒时代就已经存在。

狼图：当狼为争当群狼之首时，如果失败者俯首称臣，胜利者就会饶它一命[6]。

“狼图”是对“警句”的解释。

博物馆以这种匠心独具的方式作为开局之篇，首先让我们对红十字人道主义的起源有了不同寻常的领悟。当然，“警句”并不是告诉我们人道主义在洪荒时代即开始孕育，洪荒时代是混沌蒙昧的状态，那时还没有人类，更谈不上人道主义，只是通过这种方式告诉我们红十字人道主义源于最原始最古老的对生命的敬畏、尊重和爱怜。在这一点上，早于人类的低级动物与人一样，懂得协作，懂得饶恕，懂得保护同类的生命。

人类社会产生以后，伴随着生存斗争和社会演进，一种以“保护生命”为基调的人道情感也随之孕育、发展和成熟，进而形成一种朴素的人道理念，即对人的关爱和尊重。这种生命理念成为红十字人道主义的内核。

在历史发展进程中，同样遵循这种人道理念，人类创造出形式各异、各具特色的传统文化体系，而“休戚与共的感情和行为，同情和无私的道德情操，在所有的文化中都存在”，这些文化体系为红十字人道主义的诞生提供了丰富的思想素材。下面我们从世界主流文化系统中择取只言片语以求得对此问题的理解。

犹太摩西法律中记载：要爱邻居，像爱自己一样。

中国儒学经典《论语》中说：己所不欲，勿施于人。

古印度阿育王曾经大张挞伐，武功天下，但在转信佛教后，在帝国境内到处刻石立柱，谴责战争。

基督教《马太福音》记载耶稣的话：我饿了，你给我吃；渴了，你给我喝；我坐牢，你们来探视我。

伊斯兰教先知穆罕默德说：俘虏是你的兄弟，凭真主的保佑，他才落入你手中。[7]

红十字人道主义文化吸收了世界上各种传统文化的基本思想，却又超越了各种传统文化的局限性，它是从多方面去研究减轻人们痛苦的具体方法[8]。红十字人道主义文化根基非常深远，是世界不同文化中伦理道德观念的结晶。

中国红十字会诞生于 1904 年的日俄战争中，其产生是中西文化碰撞、对照、融合与对接的产物。就此有学者强调晚清中国地方性实践即义赈的作用，认为正是“义赈这种跨地域的地方性实践机制在上海的持续运转，才使得上海绅商能够屡屡在实际行动中将红十字形式运用于中国”，“红十字会在中国起源过程中的所有实践都属于这种跨地域的地方性实践机制的范围。”[9]有学者进一步提出中国红十字会起源路径上的“嫁接”理论，“红十字会虽系‘舶来品’，但中国红十字会确是中国本土的慈善组织‘嫁接’红十字会逐渐成长的结果”[10]。笔者认为，这种嫁接行为实现的前提是中西文化在“生命理念”上的相通性，否则即使嫁接实现，也会水土不服，难以开花结果，生根发芽。中国有着悠久的慈善传统和深沉的慈善文化，“以拯救世道人心，济贫扶弱为基本内容的中国传统的慈善思想的理论基础是建立在‘仁爱’思想之上的人道主义精神”，而“仁爱”从本质上说是对生命的礼赞，是对生命个体的尊严、生命群体状态的终极关怀，这与红十字人道主义思想渊源有着异曲同工之妙。池子华先生指出，在红十字与红新月博物馆的展示中，孔子的“恕道”被视为红十字人道主义思想的一个渊源，说明中国传统主流文化“仁”与“红十字精神”并没有本质的区别[11]。因此，可以说“中国红十字会的创立与发展体现了中西慈善文化的融合”[12]，而促其融合的文化内核即为横亘中西、纵贯千古的生命理念。

由上可见，红十字人道主义不是对文艺复兴时期人道主义思想的简单继承，它源自响彻千古的生命强音，关爱生命是她的思想内核。应该说，“呼唤保护生命，呼唤人类生存所必不可少的人道主义行为，是响彻千古的声音。多少世纪以来各个文明都为这个人类思想宝库增添了内容”。红十字人道主义正是在这一背景下于 19 世纪 60 年代应运而生。红十字人道主义文化与各种传统文化有着血脉渊源，这就为其在世界各地的落地开花奠定了思想基础。同时，由于各种文化在具有人道理念基本内核的基础上又存在着相异性，所以当红十字人道主义真正扎根于当地文化沃土后又会形成地域特色，中国就是典型的代表。

二、生命救援：红十字人道主义文化的形成及其扩展

红十字人道主义文化随着红十字组织的诞生而形成。在 19 世纪的欧洲，这一伟大而朴素的人类情感在一次屠戮生命的战争中破土

萌芽，而“保护生命、还生命以尊严”正是其初衷。这是人类久远而深沉的生命理念的一次爆发性的释放，偶然中存在必然。1859年6月，商业旅行中的瑞士人亨利·杜南先生目睹了索尔弗里诺战役血腥杀戮后的悲惨情状：“这完全是一场屠杀，是残暴的野兽之间为血和愤怒而疯狂的搏斗”；“枪炮打在散落遍地的死伤者身上，脑浆在车轮下涌出，四肢断裂，人体被残害得辨认不出原来的模样。泥土混伴着鲜血，尸横遍野”[13]。杜南先生在竭力组织人员营救伤员的同时，也为战争的残酷和生命的惨遭蹂躏和践踏而深深震惊。事后不久，他决定向世人讲述在索尔弗里诺亲眼目睹的悲惨情景，向“文明世界”的良知呼吁呐喊。于是，被称为“红十字运动的源头”的《索尔弗里诺回忆录》一书问世了[14]。该书出版后，在西方资产阶级世界引起轰动，使历来以人道主义自诩的资本主义社会自惭形秽。著名作家雨果读过此书后，致函作者：“你武装了人道主义，满足了人类自由。”日内瓦公益会主席莫瓦尼埃说：“本书作者使瞎子也睁开了眼睛”，“使人类对世人的漠不关心变为热烈的相助”[15]。最为重要的是，《索尔弗里诺回忆录》一书在揭露战争问题的同时也提出了解决问题的两条建议：一是成立伤员救护组织，二是“制定一些国际准则，由一个不可侵犯的公约批准”[16]。在该书的宣传鼓动和杜南等人的努力之下，1863年2月9日，“伤兵救护国际委员会”成立，这标志着红十字的诞生。而红十字的诞生标志着红十字人道主义文化的正式形成。

根据杜南的第二条建议，委员会成立后，即着手筹备一次“旨在为军队医务机构不能有效服务时向伤员提供帮助而召开的国际会议”。1863年10月26日至29日，在日内瓦雅典宫召开国际预备会议，16个国家和4个慈善机构的非官方代表共36人参加。会议根据杜南的构想，通过了十项决议和三条建议。“这些建议和决议，为翌年国际会议的召开以及红十字运动在世界范围的发展奠定了良好的基础”[17]。1864年8月8日至22日，日内瓦会议召开，与会代表（包括12国和日耳曼4个邦国）成功签订《1864年8月22日改善战地陆军伤者境遇之日内瓦公约》。这就是历史上的《日内瓦第一公约》,它的签署"标志着国际人道主义法的诞生,也向世界表明国际红十字运动及其在武装冲突中的特殊作用正式得到了国际公约的承认"[18]。公约签署"以后的几年里被几乎所有的国家所认可。这个公约正式形成了1863年的会议提议并且阐明了这样一个准则,在整个计划中非常关键——即伤病员不分国籍必须被接收,并受到照顾"[19]。可以说,公约的签订使红十字人道主义真正走向了国际,得到了世界的认可。同时,也表明红十字人道主义的"生命理念"及战争中的生命救援行动开始得到国际社会的普遍认可。在某种意义上说,这是人类对自身生命,对群体生命价值与意义的认可,是一次人类情感的广泛沟通。从此,红十字运动与《日内瓦公约》紧密相连,接受和签署该公约作为加入国际红十字大家庭的前提条件,已成为国际惯例。日后,随着国际形势的发展和武装冲突的演变,"日内瓦公约"系统也不断修订、充实、丰富和发展,逐渐形成具有四部《日内瓦公约》及其三个《附加议定书》的"国际人道法"体系。"国际人道法"是将红十字人道主义文化"从伦理学范畴扩大到法学范畴,把中立性概念以法律的形式确定下来,变成有约束力的法律规范,并应用于战争或武装冲突的创举[20]"。红十字人道主义形成后迅速向全世界扩展,大有席卷全球之势。"第一个国家的红十字会成立于1863年,到1864年年底,有25个国家的红十字会成立中央委员会。1864、1866、1870年的战争,更促进了各国红十字会的成立,也加强了各国红十字会的工作。到1914年一次世界大战爆发的时候,有39个国家的红十字会受到红十字国际委员会的承认。1930年,被承认的红十字会增至57个。到1961年,有85个国家组织了红十字会,总会员为1 300万人[21]"。红十字人道主义文化诞生于战火,缘于生命救援,在抚平战争创伤,挽救人类文明的救援行动中不断推动着红十字旗帜的迎风飘扬。

红十字人道主义落足中国,同样结缘于生命救援。近代以来,中国内忧外患,战争连年。1904年,日俄战争爆发,在战火的肆虐下,东北残破不堪，疮痍满目："辽阳左近被蹂躏最惨烈，两国士卒及土著人民死者不可数计，村落为墟。田鼠食人肉，多肥硕，大于猫等者，日昼不避人；犬多无主，成野畜，亦因常食人肉，孤行者每被噬[22]。"面对战火焦土，东北难民流离迁徙，四处逃生，受尽煎熬。

日俄之役，中国虽非交战之国，但却为受害最重者。战地在中国领土，受祸为中国人民，而中国政府却以"别国"无权施救，"不平之事，莫甚于此"。在当局无能为力，民间善堂无济于事的情形之下，具有独立、中立品格的红十字会在这一特定的历史环境中呼之欲出。1904 年 3 月 10 日，在沈敦和等人的主持和号召之下，集中外之人力，上海万国红十字支会宣告成立，它的成立标志着中国红十字会的诞生。从此红十字人道主义文化穿越晚清、民国和新中国三个历史时期，为近代以来的中国社会谱写了辉煌篇章。

随着红十字运动的深入发展，红十字人道主义文化的内容也逐渐丰富和完善。红十字人道主义始于对战争中受难士兵生命的关注，因此也就决定了她最初的使命即为救护伤兵，之后红十字人道主义也逐渐突破单纯的战争救护行为，发展为对包括动乱、灾害、疫病、政治分歧等所导致的易受损害群体的生命、尊严、情感的全方位体恤和救助。

三、生命屏障：红十字人道主义文化的行动准则

在红十字人道主义文化的发展过程中，红十字运动的七项基本原则扮演着重要角色，这七项原则既是红十字运动全部组成机构所必须遵守的特定的准则，也是运动的各种行为的标准和规范，它是红十字会区别于其他人道主义组织的本质体现。七项原则的实施，在本质上是对生命理念传播和生命救援行动的方向厘定和现实屏障。

这七项原则的形成也是一个历史的过程，它是以亨利·杜南在《索尔弗里诺回忆录》中所提出的基本生命理念为基础，随着运动的发展，红十字人道主义文化对生命的认识不断深化，对保护生命的理

念不断完善。1965年,红十字国际委员会将匹克戴所归纳的两类十七项原则浓缩为现行的七项原则,提交国际大会通过,作为红十字运动的基本原则,为本运动各成员组织所采用。1986年,在日内瓦召开的第25届红十字与红新月国际大会上,经过投票决定,把这七项原则纳入国际红十字运动章程和序言之中。

红十字人道主义文化的七项基本原则分别是"人道"、"公正"、"中立"、"独立"、"志愿"、"统一"及"普遍"。这七项基本原则表明红十字运动采取行动时要讲原则性,不过,它们首先表达的是对人类生命和生命状态的深切关注。

在七项基本原则中,"人道"原则是红十字人道主义文化的最直接体现,集中代表着红十字人道主义的特定内涵。人道原则是最基本的原则,没有这一原则,其他原则也无从谈起。"这个原则是红十字所有工作的基础。红十字运动的宗旨在于采取适当的行动,以确保人类的痛苦不会受到漠视。从这方面而言,人道原则并不是代表一种'交易'或哲学,它代表的是一种休戚与共的精神及救助人间苦难的实实在在的具体行动。同时,它认同人类一向共同关注的、跨越了所有界限的大事:即人类的未来"[23]。"人道"原则在关注人类生命自然状态的基础上,进一步关注人类生命的社会生存状态,关注生命群体的和谐共存。"人道"原则外,"公正"、"中立"、"独立"、"志愿"、"统一"及"普遍"等六项原则围绕"人道"原则,服务"人道"原则并为其保驾护航。

同样关注生命,但其他六项原则的视角和关注点不同。"公正"原则有三个内涵:不歧视;给予苦难者与其痛苦程度相称的帮助;排除个人偏见。"中立"原则是一种态度,该原则规定在冲突双方之间不采取立场,除非涉及人道职责。"独立"原则指的是红十字运动中要避免和排除对实行人道、公正、中立原则的干扰,无论这些干扰是政治性、意识形态性还是经济性。"志愿性"原则的意义和作用体现在一是人道的行为和象征;二是国家红会独立性的体现;三是对本运动独立性的一种支撑。“统一”原则包含三个要素，也是国家红会获得红十字运动承认必须达到的三个基本条件：一是国家红会必须是这个国家独一无二的红十字组织；二是一视同仁地吸收会员；三是工作活动遍及整个国家领土。“普遍”原则包含三层含义：一是共同职责；二是为发展而合作；三是权利的平等[24]。应该说，红十字运动的七项基本原则既是红十字人道主义文化的行动纲领，又规定着红十字人道主义文化的前进方向，它为红十字人道主义的生命理念、生命关怀赋予了与现实社会对接的现实性与实践性，它“把人类最低的生存需求和最高的理想准则神奇地维系在一起[25]”。七项基本原则的发展和完善过程也是红十字人道主义文化不断完善和成熟的过程，在这个过程中，各项基本原则互相联系、互相制约，保障其按照特定的历史轨道运行。

参考文献：

[1] 戚文卿. 人道主义研究应遵循什么原则——评《为人道主义辩护》. 吉林师范学院学报，1984(1)：42

[2] 曲折. 中国红十字事业. 广州：广东经济出版社，1999. 22

[3] 海泉. 要充分体现人道主义的特色. 中国红十字报，1989－05－05

[4] 中国红十字报. 1988－11－05

[5] 熊世琦. 为什么提出红十字人道主义. 中国红十字会报，1989－12－05

[6] 晓华. 红十字会与红新月会博物馆拾零. 博爱，1995(2)：61

[7] 陆之川. 国际红十字运动的文化渊源. 博爱，2002(2)：32

[8] 红十字运动研究中心网站，http：//www. hszyj. net/article. asp？ articleid＝1566

[9] 朱浒，杨念群. 现代国家理念与地方性实践交互影响下的医疗行为——中国红十字会起源的双重历史渊源. 浙江社会科学，2004(5)：174

[10] 杨智芳，周秋光. 论中国红十字会的起源. 湖南师范大学社会科学学报，2006(4)：115

[11] 池子华. 红十字与近代中国. 合肥：安徽人民出版社，2004. 16

[12] 周秋光. 红十字会在中国(1904—1927). 北京：人民出版社，2008. 前言

[13] 亨利·杜南,著;杨小宏,译.索尔弗里诺回忆录.济南:山东友谊出版社,1998.5

[14] 池子华,杨国堂,等.百年红十字.合肥:安徽人民出版社,2003.4

[15] 一部影响世界的书.博爱,1996(3):44

[16] 亨利·杜南,著;杨小宏,译.索尔弗里诺回忆录.济南:山东友谊出版社,1998.65,66

[17] 池子华,郝如一,等.近代江苏红十字运动.合肥:安徽人民出版社,2007.7

[18] 曲折.中国红十字事业.广州:广东经济出版社,1999.11

[19] 汉斯·侯格.时间证实了杜南的设想.见:亨利·杜南,著;杨小宏,译.索尔弗利诺回忆录.济南:山东友谊出版社,1998.68

[20] 红十字基本知识.博爱,2003(增刊):111

[21] 张玉法.中华民国红十字会百年会史(1904—2003).台湾红十字组织编印,2004.14

[22] 苏曼殊,等.民权素笔记荟萃.太原:山西古籍出版社,1997.6

[23] 袁惠章,叶家宪.红十字会现代管理简明教程.上海:上海医科大学出版社,2000.85

[24] 红十字基本知识与素质教育读本.博爱,2003(增刊):106-110

[25] 袁惠章,田永波.红十字理论与实践.上海:上海医科大学出版社,2000.3

(作者单位:红十字运动研究中心专职研究员)

怎样做好红十字会救灾物资的储备工作

颜玉高

备灾救灾是红十字会工作的重要内容，但目前部分红十字会在备灾物资的选择、存放和管理等方面存在一些不尽合理或有待于进一步改善的地方。主要表现为：一是备灾物资品种选择不尽合理。一些完全可以不储备的物资储备了，占用了部分宝贵资金，而一些该储备的物资却没有储备，不能满足救灾需求。二是对储备的理解太狭隘。往往认为只有放在自家仓库中的东西才是自己的，思维始终囿于自家的一亩三分地内，过分强调备灾救灾仓库的建设。三是系统内外物资统筹协调效率低。没有充分利用现代科技手段对各种物资储备信息进行深度开发，影响红十字系统乃至全社会备灾救灾物资的利用效率。

而要做好红十字会救灾物资的储备工作，就必须弄清两个问题。首先，红十字会救灾物资储备的目的是什么？无论从红十字会的根本宗旨来看，还是从字面来理解，都是为了“保护人的生命和健康”。其次，对红十字会工作的独立性要有辩证的认识。其独立性主要体现在工作决策方面的自主性，不受其他党派、政治组织等外部因素的干扰。但其独立也具有一定的相对性，主要体现在其开展工作需要与外界发生联系。不仅红十字会筹集款物需要与外界联系，而且其在组织施救时也要考虑外界因素。即系统外有哪些组织正在施救或可以提供施救，或可协调出施救物资和施救力量，并与其相互配合。

有了对上面两个问题的理解，就可以对红十字会救灾物资储备工作有更加清晰的认识。红十字会组织是社会这个大系统的一个组成部分,其根本宗旨是要“保护人的生命和健康”,是对民生中最基本的问题予以关心和帮助。而“保护人的生命和健康”这项工作绝不仅仅是红十字会在做,在社会这个大系统中,政府在做,慈善机构等各种社会组织或多或少地也在做,市场和其他社会调控方式也都发挥着一定的影响力。因而红十字会所做的工作只是社会这个大系统中“保护人的生命和健康”工作的一种补充,起拾遗补缺的作用,而绝不是全部。因此,社会这个大系统可以及时充分提供的部分,红十字会完全可以不做,否则就是对红十字会有限资源的浪费。因为我们所要做的是雪中送炭,而不是锦上添花。

那么,红十字会究竟应储备哪些救灾物资呢?其实,还应围绕“促进人的生命和健康”这个核心宗旨,提供一些社会这个大系统不能及时或不能充分提供的一些物资,具体应遵循以下几个原则。

一、易购的不备

在经济得到空前发展、市场机制不断健全的当今,普通的衣物和食品在大街小巷铺天盖地,无论城镇还是农村,供给极其充裕,购买非常便利。即便是常用药品,不但各个乡镇的医院有,还有不计其数的私营药店和村卫生室都有现货。因此,这些普通的衣物和常用药品,红十字会根本没必要储备。灾害发生时,红十字会用资金到附近购买即可,相当方便,且可根据灾情的不同提供较个性化、差别化的物资,以满足不同灾民的基本需求。否则,就是白白占用仓库的库容,且易形成“货不对路”现象,无谓地增加管理费用和储存损耗。

二、稀缺的常备

主要是些稀缺的救生器材和其他应急物资等。如将地震中被埋人员救出的破拆工具,寻找生命的生命探测仪,将处于山崖上、高压线上、建筑物顶部等高空遇险人员救离险境的攀爬、登高器材,将受困人员从有毒有害气体中救出的防毒面具,可在洪水中穿行的橡皮艇,房屋倒塌后无家可归人员特别需要的罕见物品——帐篷,断电后用于照明的现已不太多见的手电筒、蜡烛等。

三、防疫的多备

俗话说,大灾之后必有大疫。在大的灾害发生后,必须及时进行消毒、防疫。因此,防疫用品应该多备,如漂白粉、双氧水、明矾、84 消毒液等。

四、开放式储备

对于符合上述三个原则的一些需要特殊储备条件或不方便放在自家仓库储备的物品、药品可与本地相关商家、医院、药店等洽谈,签订合同或协议,委托其有偿或无偿代存、代储、代保管,并定期更新。这样既保证了需要特殊储备条件的稀缺物资的储备,又可减少单独储备的费用,增强经济性。

五、动态化管理

这里包含三层意思:一是对所储存的物资必须及时地进行清查盘点。小的仓库进行账面盘点(永续盘存制)的同时还要进行实地盘点,大的仓库可以账面盘点为主,同时抽取部分品种的物资进行实地盘点,相互印证,查看是否有短缺或毁损现象,保证账物相符。二是及时更新。对将要过期的储备物资及时进出售或发送,减少浪费,同时购进行新生产的,并对损坏的器具进行维修,确保仓库内或代储、代存点里储存的物资都是未变质的、完好的,可随时取用。三是根据市场供给情况和可能发生的灾害,不断地进行前瞻性预测,及时调整储备物资的品种和数量,尽量满足救灾需要。

六、信息网络化管理

具体包含三方面信息的网络化，使所储备的救灾物资的品种和数量最大限度地科学化、合理化。

首先，救灾物资储备信息网络化。这样可及时方便地了解各层级、各部门、各单位、各系统储备物资的种类和数量，因而哪些物资是必备且稀少或需大量储备的就一目了然了。再根据这些信息并参考上述储备原则可适时调整所储备灾物资的品种和数量。当然，国家重要战略物资，或涉及国家、社会安全的部门、行业的物资储备情况可以不公开。这项工作可先从红十字会系统做起，至少可以做到单向公开，即上级可以在内网上方便地看到所有下级红十字会储备物资的品种和数量，并对下级提出指导意见。

其次，灾情信息网络化。各地将发生的灾情及时准确地发在网络上，以便于上级、其他社会组织和公民作出评估，是否需要进行协调或施救。

再次，救灾信息网络化。灾情发生地红十字会组织要及时将灾害的施救情况尽量准确地在网络上发布，以便于上级、其他社会组织和公民了解动态的施救信息，本地红十字会组织在救灾过程中是否遇到了困难，他们可再次作出评估，是否需要进行协调或施救。

信息网络化，特别是救灾物资储备信息网络化，可使灾民、公民有的放矢地向备有相应种类物资的红十字会进行求救，“按图索骥”，使红十字会救灾物资储备工作能更好地满足社会的需求，使更多的受灾受困人员及时得到救助。

（作者单位：盐城市射阳县红十字会）

红十字志愿服务工作实践与探讨

周发华

志愿服务是一项全球性的、高尚的社会公益事业，是人类文明、社会进步的标志。志愿服务是建立社会多层次服务体系的重要补充，是在全社会营造奉献、友爱、互助、进步的时代新风的客观要求。近年来，随着红十字会管理体制的理顺，基层红十字会组织建设得到了进一步加强，红十字志愿服务的内容和形式有了很大的拓展。从服务对象上看，已从为困难和弱势群体服务发展到为社会大众服务，为社会福利事业、公益事业和社会进步服务；从服务内容上看，已从一般的社会生活帮扶发展到心理咨询、技能辅导等服务。但从基层红十字志愿服务工作来看，还远没有达到补充社会服务的目标。红十字会如何发挥好红十字志愿者队伍的作用，推进红十字志愿者服务活动向规范化、制度化、品牌化、经常化、社会化发展，是当前红十字事业发展中需要研究解决的一个课题。

一、基层红十字志愿服务面临的问题

（一）公众志愿服务意识不强，参与面不广

目前，由于种种原因，公众对志愿服务活动的认识不够，了解程度不高，特别是部分农村群众还停留在“听说”或“不知道”的层面。人们对志愿精神及志愿者权利义务等理解不清，有的将志愿者视为无偿劳动力使用；有的则把志愿服务当做是对服务对象的施舍；有的把志愿服务当做一种个人道义行为。人们认识不到志愿服务深层所

隐含的国家、社会、公民的义务和责任，志愿服务意识尚未融入普通百姓的生活。群众参与度低，并且习惯依赖政府，认为志愿服务是政府或是相关部门的事情。这种状况限制了基层红十字志愿服务工作的开展，导致目前参与红十字志愿服务活动的人员多为在校大学生、机关企事业工作人员和少数的社会爱心人士。

（二）基层志愿者管理欠规范，激励机制不到位

志愿服务虽源于奉献、爱心，不讲回报，但志愿者大多依然期望得到社会认可，获得精神上的“价值感”。目前，无论是对志愿者个人，还是对志愿者组织或是对支持志愿服务事业的公民、企业，红十字基层志愿组织都还没有建立常态化的激励机制。志愿服务的“流失率”有所上升，这与基层志愿组织管理不到位，缺乏对志愿者进行必要的培训、指导、评估和激励的机制有关。

（三）志愿服务专业性不强，服务水平偏低

虽然红十字志愿服务组织和志愿者队伍已有长足的发展，但由于基层志愿组织和志愿者专业意识不强，缺乏专业人员的引领，技能难以提高，服务水平难以提升，往往事倍功半。

（四）志愿服务持续时间不长

志愿服务持续时间不长主要有四个方面的因素：首先，由于志愿服务缺乏稳定的资金支持，导致了活动的无法实施。其次，志愿服务项目没有经过详细的论证和调查，可行性不强。再次，志愿者的不稳定性，难以保证长期参与活动。最后，志愿服务“行政化”倾向突出，单凭行政手段来组织志愿行为，志愿服务难以坚持个别化原则，难以保障志愿服务的可持续性。

二、开展基层红十字志愿服务工作的做法

（一）加大宣传和普及志愿服务理念

志愿服务理念是志愿服务活动的力量源泉。红十字宣传工作要立足于反映社会发展进步的时代要求，通过各种宣传手段，大力弘扬

以奉献、友爱、互助、进步为主要内容的志愿精神，广泛普及奉献他人、提升自己的志愿服务理念，在全社会培育志愿服务理念，营造有利于志愿服务的浓厚舆论氛围。

1. 建立健全组织网络，强化宣传工作　我会注重红十字宣传网络的建设，通过向社会招募红十字新闻宣传志愿者，并对志愿者进行红十字运动知识的培训，加强了志愿服务理念的宣传，提高社会公众的参与度。自2010年以来，我会充分运用扬中电视台、扬中快报、扬中热线论坛、手机短信等各种载体，通过形象生动的内容宣传志愿服务理念，同时在《扬中快报》“红十字之窗”栏目中增加志愿服务精神、理念、知识的内容，使之深入人心。

2. 精心设计和宣传志愿服务项目　志愿服务项目的设计要从经济社会发展的需要出发，从人民群众的愿望出发。项目实施过程中要注重树立品牌形象，利用品牌效应促进志愿服务理念的宣传。2010年9月，我会开始关注智障人群。经过走访、调查发现，长期以来，智障人群只是人们同情怜悯的对象，往往只是在捐款捐物、走访慰问这一方面献爱心。智障人群不仅仅需要物质上的帮助，更需要心灵上的引导。为帮助智障人群，使他们感到不再孤单，感受志愿者给他们带来的关爱，帮助智障人群掌握基本的自我服务生活技能，在调查论证的基础上，我会确定了以“有梦有爱，我们同在”为主题的关爱智障人群志愿服务项目，并通过新闻媒体向社会宣传实施“关爱智障人群志愿服务项目”的意义。因宣传及时到位，项目自2011年3月开始实施，就得到社会各界的积极响应，个体业主、自由职业者等社会爱心人士纷纷加入到红十字志愿服务队伍中来。

3. 培育宣传典型　在志愿服务过程中，我们努力挖掘志愿服务的典型事件，加强培育和宣传，通过树立典型，生动形象地诠释志愿服务的深刻内涵和精神实质，潜移默化地影响人们的思想观念、价值判断和道德情操。在实施“关爱智障人群志愿服务项目”过程中，我们及时邀请新闻记者对一位肾移植的志愿者参与志愿服务活动事迹进行宣传报道，让大众对志愿服务精神、理念，对红十字事业有了更进一步的了解。正是通过这些典型事迹的宣传报道，不断有志愿者加入到该志愿服务项目中来，保证每周有12小时的志愿服务时间，促进了志愿服务的持续发展。

4. 开展评选和表彰志愿服务先进人物活动　通过评选和表彰活动宣传群众身边的志愿者，吸引和感召更多的人参与到志愿服务活动中，激发人们内心深处的志愿服务意识，营造学习志愿者、争当志愿者的良好氛围。

（二）建立健全红十字志愿服务机制

由于基层红十字组织人员少、活动经费不足等，在开展志愿服务方面存在着专门工作力量相对缺乏、志愿者队伍不稳定、活动内容相对单一、工作机制尚未健全等问题，影响和制约着红十字志愿服务的深化，还有待于进一步规范化和系统化。

1. 服务内容应多样化、拓展化　目前，基层红十字志愿服务活动还未完全适应社会的发展变化，作用与潜力还有待进一步提高。基层红十字志愿服务活动仍停留在较浅层次的社会公益服务和便民服务上，如扶困济贫、义诊等低层次活动层面。应积极拓展红十字志愿服务活动项目，以“奉献、友爱、互助、进步”为主题，坚持“群众所需、志愿者所能”的原则，确定一批群众需求的志愿服务项目。做到“三要”：一要始终把志愿服务对象放在最需要帮助的人群身上；二要增强志愿服务的实效性，针对志愿服务对象的需求不同，所需服务的时间长短，将服务对象分为长期服务和临时服务型，把红十字志愿服务组织所掌握的志愿者组建成不同的服务队伍；三要确定红十字志愿服务的重点项目和特色项目。把效果明显、影响广泛的红十字志愿服务项目，不断做深做实，打响红十字志愿服务品牌，增强红十字的社会影响力。

2. 志愿服务应依托基地化、阵地化　一是要有固定的红十字志愿服务基地。我市红会建立市特教中心和康复中心两个志愿服务基地，为志愿者开展志愿服务，奉献爱心搭建平台。二是要有相对固定的办公场所和活动阵地。我会成立了红十字志愿服务工作委员会和五个红十字志愿服务组织，鼓励和吸引积极性较高的志愿者直接参与志愿者日常管理工作，增强社会人员对红十字志愿服务组织的归属感，提升了红十字志愿服务的凝聚力。三是要有形式多样的宣传途径和宣传阵地。应加强对红十字志愿者行动的宣传和倡导，利用新闻媒体、网络等渠道，营造正面舆论和服务主客体间的友好互动气氛。

3. 队伍建设应专业化、技能化　红十字志愿服务的推进和社会需求的拓展，对志愿者队伍的专业化水平提出越来越高的要求，加强志愿者队伍建设势在必行。一是定好项目。针对带有普遍性的问题和群众的迫切需要，设计好服务项目，成立相应的志愿服务队伍。二是定好人员。在选拔志愿者时，要注意把思想觉悟高、责任感强，具有敬业爱岗、踏实进取精神的人士作为主要考虑对象，根据志愿者能力、特长，建立活动档案。三是技能素质培训。要加强志愿者专业性服务技能的培训，着力培养实际动手能力和处理社会事务的能力，提高服务水平。四是服务过程指导。各级红十字组织应加强政策和业务上的学习与指导，解决服务过程中的实际问题，要注意加强志愿服务资料和信息的收集，开展工作调研，在分析归纳的基础上，做到科学指导。五是强化注册志愿者管理。建立各级志愿者信息管理系统，按照志愿者登记的专业、特长、服务意向、服务区域等进行分类，做到信息真实、分类合理、便于组织、服务便捷。

4. 管理机制应制度化、规范化　管理机制是保持志愿工作持久开展的保证。红十字志愿服务工作委员会和基层红十字志愿服务组织在志愿者登记注册、执证上岗、服务记录、行为规范，以及培训、帮扶、表彰、奖励等方面要建立规范化的管理制度，特别是要建立考核和表彰等激励制度，客观评价红十字志愿者，最大限度地调动他们的积极性，不断提高志愿服务水平。

5. 志愿服务资金多元化　在积极争取政府对志愿服务工作经费支持的同时，积极探索以民间资金支持为主的经费保障机制。要利用红十字会品牌优势，创新社会资金募捐机制，充分调动和利用社会各方资源，鼓励企事业单位、社会机构、热心人士资助志愿服务活动，推动和建立多元化筹资机制。加强和规范志愿服务资金管理，确实为志愿服务活动提供经费保障，改变志愿者“既出力又出钱”的局面。

（作者单位：扬中市红十字会）

红十字项目救助能力建设浅析

南京市江宁区红十字会

项目能力建设既是红十字会组织自身发展的迫切要求，也是当前急需解决的突出问题，只有解决好影响和制约红十字会事业发展的感召力、影响力和公信力问题，才能真正提高能力、增强素质。

一、推进五类公益项目建设，提高感召力

公益项目是红十字会工作的重要载体之一，也是增强感召力的重要所在，而推进公益项目，又要以“感召力”为牵引。当前，要在“五捐”公益项目中增强感召力，提高牵引力，以看得见、摸得着的感人事迹，感召百姓，牵动社会，引领发展。一是通过“捐款捐物”的感人事迹，感召社会“人人奉献，世界美好”。要深入挖掘捐款捐物爱心人士的内心世界，找到感召社会的动情点，把社会和民众的情感引导到“人人都献出一点爱，世界将变得更美好”上来；二是通过“捐血液”的感人事迹，感召社会“流淌热血，播撒真情”。要树立“无偿献血、无上光荣”的理念，既然流淌在心里的是热血，就要澎湃出爱心的声音；三是通过“捐骨髓”的感人事迹，感召社会“拯救生命，功德无量”。让人们认识到，生命诚可贵，爱心价更高，拯救别人的生命是人间大爱，功德无量；四是通过“捐器官”的感人事迹，感召社会“生命延续，展现光辉”。要破除陈旧的思想观念，把捐献器官作为无私奉献的具体体现，让别人的生命继续延续，让自己的人性展现光辉；五是通过“捐遗体”的感人事迹，感召社会“奉献一切，人生完美”。就是要广泛宣传

捐献遗体的重大意义，感召民众树立唯物主义思想，移风易俗，无私奉献，人生更加完美。通过这些公益项目，进一步增强社会感召力，形成“以项目为抓手，以感召为牵引，以奉献为责任”的感召新格局。

二、做好宣传发动，扩大影响力

社会影响力不够，不仅是红十字会工作难以开展的“瓶颈”问题，也是制约红十字会发展的关键问题，直接关系到红十字会的生命力，只有不断扩大影响力，才能使红十字会的事业生机勃勃。因此，要解决好“影响力”这个关键问题，就要不断加大宣传的力度，努力形成全方位、多层次、立体化的大宣传格局。一是注重普及宣传。就整个社会来说，人们对红十字会的历史沿革、法律体系、工作原则、精神内涵等了解和知晓并不多，这不仅不利于红十字会“人道、博爱、奉献”精神的发扬光大，也不利于和谐社会的建设。因此，普及红十字会知识的宣传教育，不仅大有必要，而且迫切需要。要像普法教育一样搞好红十字知识的普及教育，坚持从娃娃抓起，从领导抓起，加深对红十字知识的了解，逐步提高社会对红十字会事业的知晓率。二是加大力度宣传。力度决定推进速度，提高红十字会的影响力就要切实加大宣传力度，在深度和广度上全面推进。既要利用专栏、板报、横幅、分发材料、编制简报、文艺晚会等常见的传统形式，又要搭建网络、手机等形式的通信平台，做到宣传到边、工作到底、效果到位。三是善于归纳宣传。注意总结归纳红十字事业的有关常识职能等，使人好懂易记，朗朗上口，加速传播。如“三项工程”，即生命工程（卫生救护、无偿献血、骨髓捐献、艾滋防治、遗体捐献等）、救援工程（救灾备灾、应急处置等）、爱心工程（志愿服务、扶贫帮困、敬老助残等）、“三救任务”（救助、救援、救护）等等，在不断传播中扩大影响。四是突出善举宣传。特别要注意做好对爱心企业和社会热心人士的宣传表彰工作，激发他们扶贫济困、敬老助残的爱心行动，让爱心行为受人敬仰，为人追随。五是利用名人宣传。广泛吸收知名人士和热心社会公益事业的新闻媒体人员加入红十字会志愿者队伍，发挥他们的特有作用，不断增强红十字会的影响力。

三、规范捐赠款物管理，提升公信力

"公信力"是红十字会最有价值、最令人敬重的形象，这个形象既是红十字事业赖以生存和发展的关键所在，也是弘扬"人道、博爱、奉献"精神的力量所在。只有树立好红会"公信力"这个品牌，才能使红十字会事业充满生机和活力。因此，我们要把树立好红十字会的"公信力"视为生命，严格按照规章制度管好捐赠款物。一是严格捐赠制度。要按照有关捐赠的法规政策，严格工作程序，建立责任制度。接收救灾款物，必须坚持手续完备、专账管理、专人负责、账款相符、账目清楚、出具票据等制度。二是尊重捐赠者意愿。坚持做到不强迫募捐、不摊派募捐、不损害企业和个人的利益，充分尊重企业和个人意愿，凡是损害红十字会声誉的事情坚决不做。三是严格信息公开。实行救灾捐赠款物接受使用信息公开，在相关公众媒体上及时向社会公布捐赠款物接受使用情况，主动公开红十字会接受捐赠款物的来源、种类、数额和去向，并及时将相关情况向捐赠人反馈，提高捐赠款物使用的透明度，主动接受社会公众的监督。四是严格监督检查。要积极配合审计等部门的专项检查和跟踪审计，确保捐赠款物按照法规和政策规定全部用于困难群众，从而以良好的形象和声誉为红十字会赢得公信力。

实施红十字爱心互助金项目为各行业重病患者雪中送炭

陈丽霞

江宁区红十字会按照“工作项目化、项目品牌化、品牌社会化”的思路，积极探索建立长效机制，着力提高募捐筹资能力，先后建立了中小学生爱心互助金，医务、教育工作者大病互助金和餐饮业爱心互助金等项目，为全区4 000多名重病患者雪中送炭，解他们的燃眉之急。

一、爱心互助金项目基本情况

江宁2000年12月撤县设区，现辖10个街道，总人口93.6万人。三十多年的改革开放使全区经济迅猛发展，人民群众生活水平日益改善，但在人民生活逐渐达小康的过程中，仍有很多家庭“因病致贫，因病返贫”。面对这样的情况，2000年起我会发起了第一个红十字救助项目——红十字博爱助学项目，十二年来已为全区500余名大学生、600余名中学生、900余名小学生支付红十字博爱助学金500余万元。对于成人重症者，区红十字会只能通过募捐的方式解决一部分应急资金，但这些补助资金相对于患重症家庭所支付的高昂医疗费，实在是杯水车薪。为了切实帮助这部分困难群众解决实际问题，也为了让红十字精神深入下一代的心灵，通过深入调研和广泛宣传，我会在区教育局的大力协助下，在区委、区政府以及有关部门的大力支持下，于2002年2月启动了江宁区中小学生重症住院医疗红十字爱心互助金救助项目。十年来，我区中小学校参加红十字爱心互助金率100%,中小学生参加红十字爱心互助金率基本达到100%(对部分特困生实行了免交政策),每名学生每学期自愿交纳爱心互助金5元,共计交纳互助金9 523 153元,共向全区3 546名患重病学生家庭支出红十字爱心互助金1 385万余元。为解决该项目兑付缺口,2006年开始,区政府决定由区财政按每名学生每年2元钱的标准补助红十字爱心互助金,其余兑付不足部分由区教育局负责补足。通过该项目的实施,不仅解决了患重病学生家庭部分经济困难,让患病孩子增强战胜疾病的信心和决心,也培养了青少年从小养成"人人为我,我为人人"的良好道德风尚。

通过中小学生红十字爱心互助金项目的成功运作,我会又于2008年与教育局、卫生局联合启动了教育工作者、医务工作者两个行业红十字爱心互助金项目,2011年启动餐饮行业红十字爱心互助金项目。由于有了中小学生红十字爱心互助金项目积累的经验,新启动的项目都得以健康运行,大大提高了我区红十字项目救助的能力。

二、开展爱心互助金项目的主要经验

(一)调查研究,制定政策

中小学生红十字爱心互助金工作是一项社会性、群众性、政策性很强的工作,特别是学校收费也是一项极其敏感的事情,如果没有群众基础,没有一个权威性政策是无法开展的,为了使出台政策不违反上级政策,也有可操作性,我区采取了以下措施:一是区政府组织有关部门的领导和专业人员外出参观学习。2002年1月,分管教育、卫生的副区长委托区政府办副主任(红会常务理事)率领教育、卫生、医保中心、物价、红会等部门领导到开展较成功的南通市、通州市参观学习,实地取经,很受启发和教育;二是副区长亲自召集中小学校领导和学生家长座谈会,广泛征求他们的意见,分析江宁地区中小学生发病情况和规律以及救助措施、收费标准等;三是《红十字爱心互助金管理办法》草案出来后,召集教育、红会、物价、财政、卫生、医保中心等有关部门的领导多次召开座谈会,反复讨论研究,结合本地实际，既要考虑符合政策，又要做到可操作性，在反复修改的基础上出台了《江宁区中、小学生重症住院医疗红十字爱心互助金管理办法》，以区人民政府办公室的名义下发。

（二）健全组织，加强领导

为了使这项工作顺利开展、稳步推进，区政府成立了专门的组织机构——江宁区红十字爱心互助金管理委员会，由分管副区长任主任，政府办副主任、卫生局局长、教育局分管副局长任副主任，财政局局长、物价局分管副局长、劳动与社会保障局分管副局长、区妇联主席、团区委书记、红会办公室主任为成员。办公室设在区红会，办公室主要职责是：负责爱心互助金的筹集、管理、使用，宣传动员，调查处理爱心互助金实施过程中出现的情况和问题，并不断总结经验和教训，完善《红十字爱心互助金管理办法》。

为了加强爱心互助金使用的监督管理，确保爱心互助金能取之于民，用之于民，区红会和区教育局成立了爱心互助金审定小组，组长由区政府办副主任，副组长由教育局分管局长、区红会秘书长、区医保中心主任担任，成员由红会办主任、医院医务处长、医保中心专业人员、教育局干部组成，审定小组的主要职责是审查报销材料是否符合管理办法的规定，经费使用是否合理等。

（三）筹集资金，保证使用

中小学红十字爱心互助金项目筹集资金方式：运作之初基本由每位中小学生每学期自愿交纳 5 元的爱心互助金（特困户学生免收，但照样享受爱心互助金），后随着兑付资金缺口不断加大，区级财政和教育局实行缺口补足政策。教育工作者和医务工作者爱心互助金项目筹集资金方式：参加该项目的教育或医务工作者每人每年交纳“红十字爱心互助金”10 元，各教育或医疗单位为本单位参加该项目的人每人每年配比交纳 10 元，区教育局或卫生局注入启动资金 20 万，以后每年注入 10 万元；区红十字会从募捐款中每年分别注入 5～10 万元。

为了做到互助金收缴到位，不影响按期兑付，中小学红十字爱心互助项目每学期在学生入学时自愿交纳后，统一汇缴到财政专户；教育和医务工作者爱心互助项目则在年初时由区教育局和卫生局按标准收缴后全部交财政专户。资金严格按照财政专户资金管理要求执行，非兑付期间不得动用一分钱，全年不提取任何管理费，确保互助金全额取之于谁，用之于谁。

（四）公开兑付，阳光操作

中小学红十字爱心互助金兑付程序是：患重病的学生生病住院后，凭出院病历、住院发票、住院结账单到本人所在学校，由学校红会秘书长填写爱心互助金报销审批表，由学校审核、盖章送交区爱心互助金办公室，办公室初审后，集中送交区医保中心，审核报销，然后每年两次由区红十字爱心互助金审定小组逐一审核把关，在准确无误的情况下，开始进入报销程序。兑付的办法多种多样，有开大会兑付，有上门兑付，有学校统一代领后分发等。兑付结束后，各学校将兑付名单在学校进行公示，然后还要在相关报纸上进行公示，接受群众监督。教育和医务工作者红十字爱心互助金兑付程序是：年终前区教育局、区卫生局分别与区红会联合下发兑付通知，各学校和各医疗单位统计本单位患重症的工作人员，报送区医保中心审核医疗费用中的自费额度，最后由区教育局、区卫生局和区红会联合审核把关后由财政专户统一兑付。

通过这些程序，我们做到了"三公开"、"三把关"。"三公开"即为报销政策公开、报销人员名单公开、报销费用公开；"三把关"：一是学校严把初审关；二是由爱心互助金办公室会同医保中心专业人员根据管理办法规定，参照公费医疗管理有关规定进行审核；三是互助金审定小组最后审核把关。几年来，我们坚持公开、公平、公正原则，至今还没有发现这项工作存在弄虚作假，做人情、开后门的情况。

（五）宣传动员，营造氛围

红十字爱心互助金项目群众性、社会性、政策性都很强，教育和医务工作者有收入来源，资金筹集难度较小，而中小学生是无收入群体，他们的互助金交纳必须得到家长的充分支持。十年来我们的宣传工作一直紧抓不放，一是刚起步时，我们将爱心互助金管理办法印了20多万份，让每个学生及其家长人手一份，使他们知道互助金的政策；二是区政府领导、区教育局领导多次在各种会议上宣传互助金工作开展的必要性和意义；三是我们将管理办法刊登在《江宁报》上，让全区群众干部都知道互助金的政策；四是在区红会组织的各学校秘书长学习班和中小学生夏令营活动中作为一项重要内容宣传；五是每次兑付爱心互助金要做大量宣传，2002～2005年间每次兑付都有区委分管书记或分管区长亲自参加，我们抓住这个机会进行宣传。还经常通过各种新闻媒体开展宣传。中央、省、市、区各级报纸和电视台也多次报导我区爱心互助金工作情况。由于宣传到位，全区干部群众对爱心互助金的重要性和必要性认识不断提高。

（作者单位：南京市江宁区红十字会）

刍议红十字志书编纂与红十字文化传播

俞　坚　鲍惠舫

红十字文化传播的形式和途径具有多样性。已经启动并在全省展开的新一轮红十字志编纂工作和将要出版的市、县(市、区)红十字志,不失为一个重要途径和有效形式。本文试就这个议题作一探讨。

一、红十字文化的基本概念及其与红十字志的内在联系

文化是社会现象与历史现象在意识形态领域的综合反映,是人类在社会历史发展过程中所创造的物质财富与精神财富的总和,这里特指后者。就一个国家或民族而言,文化涵盖历史、地理、生活习俗、道德规范、思维方式、价值观念等。而作为红十字文化,则是红十字会创建以后,在红十字运动和一切红十字会务活动中所形成的精神财富。这种精神财富,不仅超越地域、民族和国界为全人类所共有(这是红十字文化与其他文化的根本区别),而且是红十字精神的升华,其精髓可以大体概括为:人道为本,博爱为怀,奉献为荣。当然,红十字文化并不是一个抽象的概念,而具有丰富的内涵。它包含红十字的宗旨、精神、七项基本原则和道德、理念、教育,以及红十字组织和个人创作的文学、艺术、作品、著作、书籍,创办的报刊、杂志,在红十字工作中积累的具有历史价值的资料和形成的工作总结、历史经验等。

从红十字文化的基本概念,足以说明红十字文化与红十字志书紧密相连,两者之间至少有以下三种关系:

（一）相互依存的关系

红十字志书是红十字文化的一种存在形式和实际体现，红十字文化如果缺少载体，就会是抽象的、空洞的，就不可能向社会传播，犹如要过河没有桥和船。而红十字志书可以使红十字文化成为一种有形、具体、生动的实体，易于为人们所接受。总之，红十字文化需要凭借载体和媒介得以传播，红十字志书只有在传播红十字文化中，才能发挥应有的作用，更好地实现自身的价值。

（二）相互包容的关系

红十字文化与红十字志书是一个统一体，后者是前者的有机组成部分。两者之间并不是同一关系，而是属种关系，红十字志书属于红十字文化的范畴。编纂出版红十字志，能更好地传播红十字文化。只有红十字文化广为传播，深入人心，与社会民众产生共鸣，红十字事业才有坚实的群众基础，从而产生持久的公信力，实现可持续发展。

（三）相互促进的关系

红十字文化的宣传和传播，是当前和今后各级红十字会认真思考和努力实践的一个重要议题。编修一部好的红十字志，将使红十字文化在一个方面实现大众化、通俗化，为广大读者所接受，发挥资治、教化作用，使精神变物质，转化为现实的生产力。从这个意义上讲，编纂一部良志，就能更有效地传播红十字文化；为传播红十字文化而修志，就成为红十字志编纂人员的精神驱动力，从而尽心尽力，好中求快，奋力早日成志！

二、红十字志在红十字文化中的地位和作用

红十字志书与红十字文化的相互关系显示，前者在后者中占有不可低估的地位，并对后者传播将起到重要作用。

（一）丰富红十字文化的内涵

红十字文化的内涵是极其丰富的。当前正在编纂的红十字志，可

以将原先分散的历史资料，加以整理，提升档次，使之系统化、规范化，以“书”的面貌问世，使红十字文化的内涵更充实、更完善、更丰富。因为志书是一部全面、系统、完整地记载某一行政区域、某一行业、某一部门、某一单位的历史和现状的文献书，具有记述范围的区域性、内容的广泛性、鲜明的时代性、时间的连续性、以事实为主的资料性和体裁的独特性（不仅有篇、章、节、目，还有述、志、记、图、表、录、传）。志书的这些特征，足以说明它是历史性、资料性、综合性很强的“百科全书”。由此可见，红十字志书是红十字文化从一个角度的具体体现，是红十字文化的一种载体。然而，无论全省乃至全国，红十字志书至今仍是“凤毛麟角”。因此，修好红十字志，是传播红十字文化的需要。必须抓紧编修红十字志，以拓展红十字文化之外延，扩充其内涵。

（二）追溯红十字文化的渊源

我国的红十字组织，最早成立于晚清光绪年间，一部分成立于民国时期，少数成立于新中国建立初期。中国红十字会总会于 1904 年 3 月（清光绪三十年）成立。据悉，市、县级红十字会多数成立于民国时期，已有百年历史。而当今对红十字会发展历史知近者较多，知远者甚少。对某个红十字会只了解现代，不懂得近代。因为时隔久远，尤其是建国之前，由于战乱，史料缺失颇多，留存较少，有些已经失传。加之抗日战争时期和“文化大革命”开始后，红十字会曾两度停止活动，这 20 多年就没有产生资料，而且“文革”中一部分重要史料被毁坏，所剩无几。由于自然规律的作用，当年担任过红十字会领导工作和熟悉了解红十字会情况的幸存者，已经为数不多，随着时间的推移，这些老同志将会越来越少，相应的口碑资料无法获取。没有资料的修志，就等于“无米之炊”。如果再不编修红十字志，若干年后，想修志也将是心有余而力不足，即使编写出志，也是断线的、不完整的。而现在，只要想方设法广泛搜集，还可以从多方面将红十字会工作中所形成的资料查找汇聚起来，基本满足编纂红十字志的需要。

这些可贵的资料，能够追溯历史，从起源上反映红十字会的历史原貌，编修成志后，就可以发挥“资治、教化、存史”的重要作用，给后人留下一笔无价的精神之宝，使红十字文化发扬光大。

（三）推进红十字文化的传播

红十字会在会务活动中形成的文件、信函、材料及其经整理归类的文书档案，是反映红十字文化的重要内容。编纂红十字志，就是将这些宝贵的史料，按照修志的规范要求编写成书，成为了解前代、服务当代、传之后代的官方权威性文献。因此，一部红十字志，不仅是这个红十字会在某个历史时段中物质文明和精神文明建设成果的集中反映，也是红十字文化具体、生动、实际的体现。它可以让当代人、后代人都感到真实可信，从中受到教益。因此，以红十字志为载体，广泛传播红十字文化，不失为行之有效的一个媒介。一部红十字志的正式出版，必将是红十字会精神文明建设的一大成果，成为弘扬红十字文化的一个闪光点，进而更好地发挥红十字文化在引领社会主义道德风尚、提升精神文明程度和推动文化大发展大繁荣中的积极作用。

三、以传播红十字文化为目标，编纂红十字精品良志

要实现这一目标，各市、县（市、区）红十字会的当务之急，就是要抓好红十字志书的编修工作。编修一部好的志书，有众多规范化要求，本文仅就其中几个基本要点作一浅议。

（一）全面搜资，夯实基础

编纂一部志书，类目繁多，工程浩大，而前提则是掌握大量、全面、真实的资料。资料主要来源于文字、口碑、实物等方面，可以通过档案馆（主要是文书、科技资料等历史活动的原始记录）、图书馆（主要是报刊、杂志、书籍）、实物（诸如图表、照片、奖状、奖牌、录音等）、发函征集和其他文献资料（包括年鉴等有历史价值的文字资料）获取。要尽量将有关的档案、报刊、笔记、文献和本系统、本部门、本单

位积存的文件、总结等文字资料全面查阅，以搜集更多的资料，满足志书的需要，做到纵不断线，横不缺项。正在编纂的《常州红十字志》撰稿人员，已先后到江苏省红十字会、苏州大学、盐城市红十字会、常州市档案馆、常州市图书馆、常州日报社等单位，辑录拍摄了有关历史资料 200 多万字，并收集、查阅本会历史案卷、年度工作总结，借阅前几任退休干部保存的个人资料 100 多万字，使新中国成立前、建国初常州红十字分会会务活动资料不足的部分得以弥补，20 世纪 80 年代以后的资料得到充实。

志书被称作“信史”，准确、真实、可靠是其生命和价值所在。对掌握的资料，必须进行整理、核实、鉴别、考证，做到详查细核，多方求证，决不能用推理的思维方法，主观臆断，以误传误。对于未经考证而把握不准甚至相互矛盾的资料，宁可不写，决不错写，从而使编修出版的志书真实可信。

（二）谋篇布局，构筑框架

篇目是志书的基本框架，其设计是否科学合理，对提高志书质量至关重要。

根据笔者在多次修志实践中的体会，志书的篇目设计：一是要合乎体例，具备志体的体裁、结构、章法三要素，做到横排纵写，横分门类，纵写历史，以类系事，事以类从，类为一志，纵横结合，以横为主。二是要归属得当，篇与篇，章与章、目与目之间的概念，不能形成交叉关系和属种关系，篇与章、章与节、节与目、目与子目之间的概念，不能是同一关系，必须是属种关系。三是要详近略远，尤其编修首部志，时间跨度大，这样不仅可以解决前期资料缺失的问题，也有利于资治、教化。四是要求异略同，对于各部门、各单位都在进行的相同的工作和一般性日常工作应当从略，而要突出本地区、本系统、本部门工作的特点和特色；对于在一定区域范围和系统中领先或者位居第一、首次出现的事物，以及获得较高层次荣誉的事迹应当详述。五是要标题简明，章、节、目的标题要用词简洁，显事隐时，寓时于事，包含量大，统揽全章、全节、全目的内容，避免出现议论、报道、广告、小说类标题。

笔者认为，修志讲究求真务实，篇目设计理应遵循这一修志原则。志书纲目，不可生搬硬套人家的设置模式，变成千志一律，而应从各自实际出发，因地制宜而为。《常州红十字志》编纂工作启动后，纲目设计以“紧扣省志大纲，吸收苏州经验，结合常州实际”为指导思想，经市红十字会领导和编撰人员先后5次讨论修改才初定的，全志拟分图照、序言、凡例、概述、章节、大事记、附录、编后记等10个层次，设立8章、26节、37目。当然，篇目首先是修志人在编写前期，根据对修志的部门（单位）历史与现状、工作职能与主要业绩、基本情况与亮点特色的初步了解，经思考和研究暂定的纲目，仅作为搜集资料和编写初稿的依据，而不是最终成志的“目录”。在编纂过程中，修志者和审稿人还将作适当调整、修改、完善，以求更贴近实际，更科学合理。

（三）反复修改，精雕细刻

修志的一般程序是设计篇目、搜集资料、编写长篇、形成初稿、内部初审、修改送审、终审定稿、付印出版。由此可见，初稿形成后，大量的工作是征求意见，修改志稿。细改精雕是提高志稿最终成书质量的关键。方志专家一般认为，对志稿要“一抢、二磨、三雕”。常州市红十字会在制订修志工作计划时，对搜集资料和形成初稿，安排不到一年时间，而将大量工夫花在志书的修改上。当抢出初稿以后，就要在征求方方面面意见的同时，修志者尤其是执笔人，要对志稿文字，特别是概述、凡例、章下无题小序、编后记等字斟句酌，认真反复推敲。在定稿之前，务必将全志逐一审阅，注重修改记述内容交叉重复，相同史实前后矛盾，文字与表中数据不一致，表内各栏与合计不符，大事记与章节相关内容表述相悖等问题。对史实中容易引起歧义或质疑的必须作合理修正。特别强调不能出现政治观点问题。同时讲究标点符号和语法修辞，力求行文朴实，严谨流畅，文约事丰，注重文采，增强可读性。

（四）提升素质，修出精品

修志要立志，精品先精人。志书有存史、育人之功效，修志者必先自身过硬，树立精品意识，认清自己为编修红十字志多担一点责任，多出一把力，就是为传播红十字文化多作一份贡献。唐代诗人杜甫有两句名言："尔曹身与名俱灭，不废江河万古流"。当代修志者就应当"不为浮云遮望眼，静心编修传世志"。作为从事修志工作的专兼职人员，必须具备德、识、才、学四项素质，坚持实事求是原则，掌握多方面知识，有独立见解和较强处事能力，面对复杂问题而应对自如。

然而，修志是一项系统的工程，非合众力而不可。这次编修红十字志，不少红十字会聘请了一些老同志，也抽调或分工年轻的工作人员参与。在一起修志的同事之间，无论年龄大小，资历深浅，学识多少，必需各有所长，应当相互尊重，互相学习，取长补短，形成一个四项素质互补、团结和谐的整体，尽心尽力，共同为保质求快完成本次修志任务而努力。

笔者认为，上述几点都做到了，就可以编纂出一部符合修志规范的好志，为传播红十字文化发挥重要作用。

（作者单位：常州市红十字会）

规范冠名医疗机构管理
促进红十字事业又好又快发展

李洪忠

红十字冠名医疗机构是红十字事业的重要组成部分。红十字会作为一个国际性的人道救助组织，起源于战地救护，红十字运动与医院和医疗救护工作从那时起就结下了不解之缘。连云港市共有11家冠名红十字医疗机构。长期以来，各红十字冠名医疗机构，按照卫生部、中国红十字会总会印发的《冠名红十字医疗机构管理办法》要求，认真履行义务，大力弘扬“人道、博爱、奉献”的红十字精神，宣传、贯彻《中华人民共和国红十字会法》，积极支持和参与我市红十字会组织的有关活动，在开展自然灾害和突发事件救护、群众性卫生救助培训、社会救助、社区服务以及推动无偿献血和捐献造血干细胞等方面做了大量的工作，为医疗卫生事业和红十字事业做出了贡献。本文就红十字冠名医疗机构如何履行社会责任、提升自身公益形象和维护红十字公信力等方面谈几点想法。

一、冠名红十字是医疗机构进一步强化服务意识、提升公益形象的重要途径

近年来，随着社会经济的发展，社会文明程度的提高，“人道、博爱、奉献”的红十字精神在构建和谐中的社会价值越来越显现。红十字冠名医疗机构把参与公益、服务社会、塑造形象，作为提高自身软实力的意识也越来越强，申请冠名已经成为医疗机构一种内在的价

值需求。冠以红十字名称的各级医疗机构都是经过红十字会严格审核，最终确定的，无论是在服务质量和管理水平上，还是勇于承担社会责任上，都是相关领域的“标杆”。

同时，冠名工作对各级医疗机构的业务建设和医德医风建设是一种良性的促进。各级冠名医疗机构通过参与救灾救护、服务社会，切实提高了自身“硬实力”；通过传播红十字理念，弘扬人道主义精神，不断增强了服务意识；通过志愿服务、助医帮困活动，有效提升了公益形象。比如在“5·8”世界红十字日、“人道万人捐”、义诊、社区红十字服务、抗洪救灾、“5·12”抗震救灾等活动中，不仅服务意识得到了强化，而且彰显了红十字精神，提升了公益形象，受到了社会一致好评。

二、规范管理是推进红十字冠名医疗机构红十字工作发展的基石

冠名单位要切实为本单位红十字会的工作提供必要的工作经费，配备相应的工作人员和办公设施。建立和完善各项规章制度和工作台账，包括会员发展、会费收缴、固定资产管理、募捐及救助款物的接受和使用管理办法等，为红十字会开展工作创造必要的条件。

红十字会与冠名红十字医疗机构签订冠名合作协议，明确各自职责，规范管理。对连续两年不接受年审、不参加红十字会举办的公益活动、不缴纳会费、不履行职责和义务以及影响红十字声誉、违背红十字宗旨的医疗机构，取消冠名资格。

加强交流沟通，进一步完善议事协商、业务指导、工作交流、考核监管、信息沟通机制，加强工作衔接配合，形成整体合力。进一步拓展红十字公益圈，充分发挥民间外交作用，发展与省内外、境外红十字组织的伙伴关系，巩固、发展友城红十字组织，以智力、资金、项目、人才为重点，进一步拓宽交流合作渠道。我们还可适时组织有关冠名单位和会员单位外出参观、考察，以此来促进工作发展。

三、履行社会责任是维护红十字冠名医疗机构社会公信力的有力保障

弘扬红十字精神，为弱势群体提供医疗救助。我市各红十字冠名机构认真履行《中华人民共和国红十字会法》的职责，积极宣传红十字会的人道理念，对弱势群体减免医疗费，为困难群众提供医疗救助。多年来，各红十字冠名医疗机构秉承救死扶伤精神，发挥自身专业技术，开展一系列“为民、惠民、便民、利民”的医疗救助，例如东方医院与市红十字会联合开展“救心行动”，为 5～14 岁先天性心脏病患儿实施手术治疗。这种不以盈利为目的的活动，履行了社会责任，为构建和谐社会贡献了自己的力量，赢得了社会各界的赞誉。

在自然灾害和突发事件中发挥重要作用。各红十字冠名医疗机构按要求组建了相应的应急医疗救援队。平时开展红十字运动基本知识、医疗和救护知识等内容的培训，深入社区、农村开展义诊、健康宣教等活动；发生自然灾害和突发事件时，按照市红十字会的自然灾害应急预案奔赴事发地域开展救护、防疫工作。

为开展应急救护培训提供优秀的师资人才队伍。众所周知，现代意义的灾害救援工作早已突破传统的事后救援模式，包括灾害预警、灾害防御、灾害救援、公共防灾减灾养成、自救互救知识的普及和自救互救能力的提高。从这个意义上说，大力开展红十字初级卫生救护培训，普及群众性卫生救护知识，与救助灾害本身具有同样的意义，是更有效、更综合、更经济的措施，是社会公共安全建设的重要组成部分。多年来，市红十字会充分发挥红十字冠名医疗机构的作用，为红十字会开展应急救护培训工作承担部分培训任务、提供师资人才，有力支持了红十字会应急救护培训工作的开展，为普及救护知识和急救技术作出了贡献。

热心参与市红十字会组织的各类社会公益活动。利用各种方式支持红十字事业的发展，在捐献造血干细胞工作方面，市人民医院和

红十字中心血站给予大力支持，各红十字冠名医院积极参与宣传“捐献造血干细胞，救人生命无损健康”的理念，组织医务人员加入捐献者队伍，在市民中起到了表率作用，有力地推动了捐献造血干细胞工作。目前我市已有4000多名志愿者采集了血样，4名志愿者成功实施了捐献。在遗体器官捐献工作中，中医药高职校与市红十字会形成长期合作，有力地推动了遗体器官捐献事业，目前已接收遗体2具，并于今年4月份在海州青龙山公墓建成连云港市遗体捐献纪念园。

事实证明，冠名红十字为医疗机构提供了参与公益、回报社会的发展环境，激发了它们的责任意识、竞争意识，有力地促进了它们的组织建设、思想建设、业务建设，提升了社会公益形象。同时，冠名工作也是推进医疗机构红十字工作发展的重要抓手，充分发挥了冠名医疗机构在传播人道主义精神、开展社会救助、推动社会文明、构建社会主义和谐社会等方面的作用，进一步扩大了红十字影响力。实现了红十字会、冠名红十字医疗机构和社会三方共赢的局面。

（作者为连云港市红十字会综合部部长）

系统理论视角下无锡市学校红十字会的发展研究

周晓彤

学校红十字会是红十字事业的重要组成部分，一批批从低年级到高年级的红十字青年志愿者，尽自己的能力，发扬敬老助残、尊师爱幼、助人为乐的奉献精神，推动了和谐社会的建设和发展。在加强和创新社会管理的新时期，认清学校红十字会的发展现状，挖掘其发展潜力，对于引领学校红十字会的前进方向，培养和造就一代又一代热心公益事业、拥有社会责任感的红十字青年志愿者有着不可替代的作用。系统理论为我们理解与分析学校红十字与社会支持网络的联系提供了重要的理论范式，有助于从一个动态发展的角度，一种横向与纵向结合的分析方法，对学校红十字发展过程中的内部系统、外部系统做出适当的探究，为学校红十字的建设和发展提供有益的借鉴。

一、学校红十字会基本情况

根据系统理论的相关概念，本文将学校红十字的支持定义为一个系统，存在着学校红十字会、上级红十字会、学校、其他组织、社会等系统，如图 1 所示。这个支持系统中，学校红十字会四周的四个系统都可以为其提供资金、人才等的支持力量，最终在学校红十字会支持系统里进行协调、统合与互补，进而促进学校红十字会及其社会支持网络的发展。

系统理论通过对所研究对象的部分之间、整体与部分之间、系统与环境之间的相互联系的研究，达到对组织、对事物的整体把握。我们首先来了解学校红十字会的基本情况，从而对这一组织有一个整体性的认识。

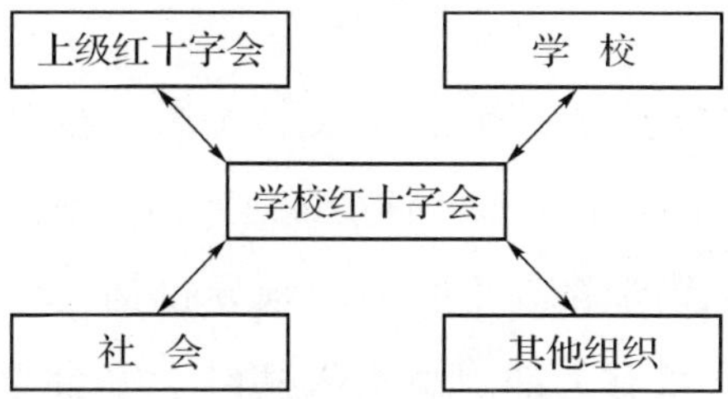

图1　学校红十字会支持系统

1. 性质、地位、宗旨　学校红十字会是红十字事业的重要组成部分，它是以学生为主体，师生员工共同参加的中国红十字会基层组织；在校领导和教育行政部门、上级红十字会的指导下，开展符合红十字会宗旨的活动；是以弘扬人道、博爱、奉献精神，推动学校思想道德建设、德育教育、素质教育，加强学生综合素质和能力为宗旨。

2. 基本任务　①配合学校素质教育，培养学生的创新精神和实践能力，使广大红十字青少年成为受益者、服务者和参与管理者，促进学生德智体美全面发展。②根据青少年的不同年龄、不同知识层次，开展思想品德、卫生与健康等相关知识教育。组织与专业有关的社会调查、社会实践和社区志愿服务活动；③在校内外广泛开展体现人道精神的救死扶伤、扶危济困、敬老助残、尊师爱幼等助人为乐的活动。④根据青少年的年龄特点开展形式活泼的、有益于青少年身心健康的夏(冬)令营活动。

二、无锡学校红十字会的组织管理

当组织规模比较小的时候，管理对组织的影响还不大，组织中的管理活动、运作形式比较简单，还没有形成一整套独立的管理理念，更多情况下是魅力型、经验型的领导，因而组织管理的重要性也就显示不出来。但是对于学校红十字会而言，这个覆盖面广、影响力大、地位特殊的组织，管理所起的作用则是不容忽视的。通过对组织横向以及纵向的对比，我们不难发现，学校红十字会的管理是一种动态的过程，随着时代的进步和组织的发展，管理所起的作用也越来越大。

1. 厘清组织架构，完善组织体系　无锡学校红十字会自从成立以来，结合我省及国内外红十字青少年工作的管理经验，不断进行理论和实践创新。无锡学校红十字会的领导机构是学校红十字会理事会，由校级领导、学校有关部门负责人和红十字会青少年会员代表组成。会长由校级领导出任，副会长由学校有关部门负责人出任。秘书长、副秘书长由会长提名，理事会决定，负责日常工作。为了加强学校红十字会工作，省红十字会、教育厅等相关部门相继发布《学校红十字会工作规则》、《学校工作委员会组织规程》等文件，要求成立"红十字会学校工作委员会"，并按照全国红十字青少年工作的相关会议精神，不断对组织进行调整和充实，以保证有专人领导、监督，强化管理。建立红十字会学校工作委员会，不仅能及时处理该校红十字会在发展成长中遇到的问题，形成有本校特色的工作，还能加强学校各部门之间的协调，为红十字青少年在学校开展工作创造更多的机会，推动学校红十字会实现科学化、体系化的组织管理。

2. 会员队伍壮大，组织整体素质提升　截至2012年，无锡市各级各类学校100％设立红十字会理事会，共建立红十字组织401个，红十字会青少年会员达46.2万人，由于无锡高校的数量较少，所以无锡市学校红十字会组织集中分布在中小学。可见，无锡红十字会青少年会员数量庞大，而且分布在大、中、小学各个层次（表1），让更多的在校学生成为红十字会青少年会员，在"人道、博爱、奉献"的红会精神指引下，积极参与学校、社会举办的志愿服务，在服务他人的时候，提升人生价值和自我满足感。

表 1　无锡市学校红十字会统计表

	小学	中学	职专	高校	统计
市　区	1	10	18	11	40
江　阴	40	46	9	1	96
宜　兴	55	40	7		102
崇安区	13	3			16
南长区	17	4			21
北塘区	8	5	1		14
锡山区	17	18	3		38
惠山区	13	15	1		29
滨湖区	14	14	1		29
新　区	10	6			16
总　计	188	161	40	12	401

另一方面，学校红十字会的最高权力机构是会员代表大会，一般每两年召开一次，负责选举学校红十字会理事会、听取和审查理事会工作报告和财务报告、决定其他重大事项。会员代表由老师和在校学生组成，通过不同主体的意见表达，令学校红十字会的相关领导人更好地了解师生的需求，能从不同的角度收集师生的信息，同时科学定位学校红十字会的工作方向。对于正式的红十字会青少年会员，发放"会员证"、"会员证章"等证件，同时登记备案，便于组织管理。会员享有《中国红十字会章程》规定的权力，同时必须履行相应的义务，为红十字青少年工作献计献策，并努力投入到这项工作中去。

3. 明晰经费情况，促进运作透明高效　根据《中国红十字会会费管理办法》规定，青少年会员按年度缴纳会费，数额不限，原则上不超过 5 元，其他会员年度会费不超过 10 元，会费由学校红十字会负责收缴、使用和管理，80％留学校红十字会，20％缴纳上级红十字会。会费使用情况，定期向学校红十字会理事会报告。通过会费的缴纳，有助于为学校红十字会日常工作的正常开展提供必要的资金支持，保证学校红十字会的持久健康发展。与团费(3元)、党费(1.2元)相比,红十字会青少年的会费有一个自主调节的范围,可以让会员根据自己的实际情况以及对于组织的投入程度相应缴纳一定的会费。由于无锡的学校红十字会会员以中小学学生居多,面对这种特殊会员,无锡红十字会对其采取自愿缴费的形式。这一做法体现了无锡红十字会对于特殊会员的照顾,彰显了组织以人为本的良好形象,有利于增强红十字青少年工作的向心力。

学校红十字会的经费除来源于会费外,学校应给予补助,解决因会费不足带来开展活动难的问题,使得红十字会青少年工作朝着专业化、高水平的方向发展。无锡的学校红十字会工作经费采用学校、红十字会共同出资的方式,并且支持力度较大。对于会费的公开透明管理,是社会、学校、红十字会等多方所关注的,让每个会员都清楚会费的使用情况,对于增强他们对组织的认同感、归属感是必不可少的,也是红十字会青少年基地以身作则,强化组织内部财务管理、会员管理、监督机制的重要体现。

4. 红十字会青少年基地的评选　针对不同的红十字会青少年基地,江苏省实施了不同的评选标准,如今实行的评选标准分别是《红十字会青少年工作考核标准(小学)》、《红十字会青少年工作考核标准(中学)》、《红十字会青少年工作考核标准(大学)》。在市红字会、各学校红十字会的共同努力下,无锡青山高中被评为全国红十字模范校,被评为江苏省红十字示范学校有26所、市红十字示范学校64所、市红十字达标学校351所。评选是对红十字会青少年基地的考核,更是对他们工作的肯定。这些评选方法,有相当严格的规定,需要通过查文字资料、会议记录、听汇报、查看经费使用记录、实地考察、查看制度等考核方式,用量化指标评选优秀的红十字会青少年基地,使得评选结果更加公平、公正、公开,减少贿赂、幕后操控等现象的出现。但也可能会引发另一个问题,即组织发展的标准化。每个红十字会青少年基地都严格遵循这7大项目,容易造成组织发展的制度化，缺乏必要的活力与创新，基地的工作计划围绕着标准去实施，而不是根据实际情况去建立自身发展的目标、没有充分地利用环境中的可利用资源，最终使得某地区的红十字会青少年基地趋于一致。面对这种普遍现象，学校红十字会在未来发展的过程中应该朝着本土化、现代化、时代化的发展方向，在满足示范基地标准的基础上，追求卓越、力争上游，通过不同系统之间的互动、互补，打造出更加出色的红十字青少年组织。

三、活动的开展

针对学校中不同学生的年龄层次和知识水平，红十字会举办适合青少年特点的红十字会活动，学校红十字会各项活动的开展，不仅是面向组织内部的会员，而且是面向社会、满足不同群体的需要，举办丰富多彩的活动。就无锡学校红十字会工作而言，其活动主要是：校园募捐救助、宣传教育活动、红十字志愿服务、救护培训、无偿献血活动等。

校园募捐救助活动主要是两个方面，一个是“捐”，另一个则是“发”。2012 年，“红十字会人道万人捐”活动启动后，无锡各级各类学校及时召开动员大会，校领导、老师带头募捐，广大红十字青少年采用各种方式表达自己的爱心，涌现出许多感人的事迹。2012 年无锡本级教育系统共募集人道万人捐 100 万元，此外无锡红十字会校管中心还建立了规模为 1000 万元的“红十字博爱教育基金”，体现了红十字会“人道、博爱、奉献”的精神，增强了红十字会人道救助的实力。“发”则体现为博爱救助，“红十字青少年励志奖学金”、“郎助郎，上学堂”义卖活动、应急定向捐募活动……这些都体现了无锡各界人士对于红十字青少年的关注与支持，他们用实际的行动，让贫困的学生上得起学，让患病的学生治得上病，一点一滴拯救宝贵的生命，谱写生命美丽的乐章。

宣传教育活动主要是将红十字运动基本知识传播给青少年，利用青少年喜闻乐见的宣传方式，如校园广播、校内报刊、网络等媒体作为宣传媒介，结合学生的兴趣爱好，将红十字精神融入到具有红十字特色的夏(冬)令营、演讲比赛等活动中去。宣传的效果与媒介有着密切的关系，不同宣传媒介的选择对于信息传播的真实性、时效性有一定的影响。无锡学校红十字会利用网络等新媒体，及时报道本地学校红十字的相关工作以及国内红十字的工作动态，达到快捷、高效、更加深入人心的效果。

红十字志愿服务主要是充分发挥红十字青少年志愿者的积极性和奉献精神，为他们提供道德实践平台。为积极配合省红十字会“博爱青春”暑期志愿服务活动，无锡市红十字会组织了江南大学、工艺学院、科技学院、职业学院、城市职院、卫校、技师学院、电大等 8 所院校，以省、市两级方式进行立项支持。各校纷纷走出校园，与敬老院、福利院、社区结对，建立红十字志愿服务基地，开展各类志愿服务活动。以切实的行动帮助有需要的弱势群体，送去温暖和贴心服务，充分体现了红十字青少年服务社会的宗旨，并在志愿服务的过程中提升自我的人生价值，促进高校学生更加坚定个人“三观”，为培养社会需要的优秀人才打好思想基础。

救护培训是红十字会的一项特色活动，针对不同的大、中、小学，无锡设立不同的目标和发展计划。对于中小学生，主要是以自救、自我保护为主；对于高校的学生，除了自救知识的培训外，还侧重于青少年回报社会的活动。为了帮助学生掌握现场卫生救护技能，无锡红十字会对学校红十字会的专兼职干部进行了红十字救护师资格培训和救护员技能培训，认真落实“应急救护百万培训”为民办实事项目，全市教育系统共对学生开展红十字救护普及培训 47000 多人次，让广大师生增强自救互救的意识和能力。

四、无锡学校红十字会现阶段不足之处

无锡学校红十字会自成立以来在各大中小学中扮演着不可或缺

的作用，但在社会转型、发展方式转变的过程中，难免会出现一些新问题。以下围绕学校红十字会在专业性、自主性、创新性上的不足之处进行分析。

1. 缺乏专业性组织管理　通过分析学校红十字会的组织架构、管理层次、人员分工可看出，工作主要还是由学校的行政领导人员担任，这些管理人员平时忙于学校日常事务，难以全身心投入红十字青少年的工作中去。同时，由于这些管理人员平时一般都是行政类型的为主，缺乏对红十字会专业知识的深入研究和了解，在举办活动、制定学校红十字会发展计划、目标的时候，往往难以运用专业的工作方法。缺乏时间、精力、专业背景，使得很多的管理者，即使思想上重视，也没有能力真正将学校红十字会发展壮大起来，只会停留在完成指标的阶段。如何将红十字的理论和实践经验真正结合起来，让组织朝着专业化的方向发展，是需要认真思考的问题。

2. 缺乏自主性的人才队伍　在学校红十字会组织体系中，会员代表大会拥有最高权力，有权代表红十字会会员发言、表达会员的意见和建议，促进学校、学生之间良性的沟通交流，进而推动学校红十字会的发展。但是会员代表的数量毕竟还是有限的，面对庞大的会员队伍、志愿者队伍，数量较少的会员代表如何完全表达众多红十字青少年的意见和建议？在代表比例上，占优势的往往是学校领导层，普通代表难以平起平坐，如何选择合适的会员代表？是通过对人才的素质、社会影响力、知识文化背景、民族等不同的要素考察来选择代表？还是随机抽取会员作为新一届的代表？这些代表能否尽好自身的职能，充分表达各方的意见和建议？这些都是学校红十字会在发展过程中遇到的问题。此外，由于无锡在校红十字青少年采取的是集体入会的形式，特别是在高校中举办集体活动的机会比较少，使得会员队伍的发展壮大面临一定程度上的难度，同时不利于在校学生对于红十字运动的了解。区别于学校的学生社团，红十字青少年组织，是有着行政化、领导化色彩的组织，这样的领导能够让学生朝着规定的方向努力，而不会迷失前进的方向，但是与此同时，又会影响部分青少年的积极性和自主性，一切听从学校领导的指挥，组织难以真正地深入人心。

3. 缺乏创新性的活动形式　对比今年的资料，无锡学校红十字会的活动一般都是围绕着宣传、志愿服务、献血、急救培训这一类的活动，不同地方的年鉴上关于红十字青少年的工作都是大同小异，缺乏地区的特色及本土化色彩。红十字青少年活动开展力度不足，形成品牌效应的精品项目寥寥无几。长期举办同样的活动，这种以量取胜的发展模式，降低了青少年参加活动的积极性，进而影响组织内部的凝聚力。创新是一个民族进步的灵魂，也是一个国家兴旺发达不竭的动力，创新的希望在于青少年。同样，学校红十字会的创新性也是必不可少的。可想而知，作为一个以青少年为主体的组织，如果缺乏青少年自身所拥有的创新的优势，将难以让人感受到组织的力量与责任。如今，学校红十字会存在着缺乏适合学生、针对性强的活动，以及充分发挥青少年组织的积极性、创造性的机制。这使得组织长期停留在一个平稳发展的水平，缺乏螺旋式上升的力量。

五、建议与展望

无锡是一个经济发达、人文精神深厚的好地方，社会各界的支持和配合构建了强有力的支持网络，这是无锡学校红十字会发展的优势条件。基于无锡市学校红十字会的发展现状及其优势资源的分析，提出以下几点建议。

1. 提升重视程度，加强学校红十字青少年工作的责任感和使命感　青少年是十分宝贵的人才资源，是民族的希望和祖国的未来，也是红十字事业的后备力量。学校领导必须高度重视红十字青少年工作，结合红十字精神积极开展关爱青少年的生理和心理发展的活动，全面提升青少年的思想道德修养和科学文化素质，为我国现代化建设培养大批四有青年。

2. 完善组织建设，明确各方任务，发展壮大红十字青少年队伍 一个组织的目标影响着个人目标的建立，一个组织的生存发展，制约个人的行动。学校红十字会是以学生为主体，师生共同参与的红十字会基层组织。学校除了要按照《学校红十字会工作规则》的要求，设立相关的管理、服务部门，履行自身的职责以外，还需要立足于学校的实际情况，不断完善组织的建设，明确各方任务，建立健全相关的规章制度，狠抓落实，做好必要的表彰奖励工作。争取学校红十字会青少年工作的持久健康发展，组织不断壮大，内部的凝聚力、向心力不断增强。

3. 相互协作，加强沟通，促进红十字青少年工作进步 加强无锡各级各类红十字会青少年组织的合作，定期举办交流会，在交流的过程中，不断学习，让不同组织充分表达自我的想法，迸发出新的想法与建设性的发展方向。除了无锡本市的交流互动之外，注重与全省、全国红十字会青少年组织以及国外的组织进行友好的交流与学习，了解不同地域的发展特色，从中取长补短，促进自身组织的不断发展，逐步改善无锡地区学校红十字会发展不平衡、长效机制不完善的现状。同时注意及时总结自身的经验，采取符合自身基地发展的措施，合理解决问题。

4. 与时俱进，开拓创新，推进红十字会青少年队伍的发展 无锡各级各类红十字会青少年组织，除了完成日常的规定任务之外，抓住发展潮流，体现时代气息，开展内容丰富、形式多样、符合青少年身心发展的特色活动，是时代赋予红十字会青少年组织的历史使命。努力将红十字精神渗透到学生的学习生活中去，让青少年在参与的过程中感受红十字的力量，在奉献的环节中体会红十字的精神。只有在不断总结经验、开拓创新，学校红十字工作才会出现新的突破，才能输入新的血液，产生飞跃式的发展，推动无锡红十字青少年工作再上一个新的台阶。

参考文献：

[1] 祁立佳.高校红十字会对大学生德育教育影响初探[J].山西农业大学学报，2007(6)：180－182

[2] 张木明，朱文崇.推进高校红十字工作的探索[J].科技文汇，2009(3)：93－111

[3] 何兰萍，纪元.社团工作视角下的高校红十字会工作调查[J].社会调查，2009(9)：44－47

[4] 姚进忠.农民工子女社会适应的社会工作介入探讨——基于生态系统理论的分析[J].北京科技大学学报(社会科学版)，2010(26)：23－27

[5] 王双龙，袁庆宏.基于社会系统视角的团队成员创新行为研究[J].科学管理研究，2010(28)：21－24

（作者单位：江南大学法学院）

农村乡镇红十字会工作及其运行机制研究

赵　娟　杨素雅

近年来，农村乡镇红十字会秉承“保护人的生命和健康，发扬人道主义精神，促进和平进步事业”，紧紧围绕农村实际情况，在农村备灾救灾、农村卫生救护、农村卫生关怀及人道救助以及推动农村乡镇遗体（器官）捐献工作、开展农村艾滋病预防宣传和健康教育等方面做了大量而卓有成效的工作。特别是在全国开展参与新农合和医疗救助试点工作，援建红十字博爱卫生院（站），开展富有实效的关注农民健康活动，协助政府改善农民看病难、看病贵问题，受到了广大农村群众的好评。

一、以“健全机制，促进农村红十字会小组成立”为抓手，进一步加快推进城乡经济社会统筹发展，不断转变新形势下农村红十字会的工作格局

胡锦涛同志指出，“全面建设小康社会最艰巨、最繁重的任务在农村”。他要求“更加关注农村，关心农民，支持农业”，把解决好“三农”问题作为全党工作的重中之重，放在更加突出的位置。统筹城乡经济社会发展，正是基于我们在处理城乡关系问题的实践经验上而提出的一个大思路、大举措，是解决“三农”问题的重大创新，是全面建设小康社会的重大举措，是确保国民经济持续快速健康发展和国家长治久安的战略性思维。农村红十字会立足农村实际，掌握农村民情，正应该积极创新体制机制，不断探索助农项目的运作机制，积

极参与农村基层组织自治建设，努力构建服务社会、奉献爱心的红十字会工作平台，为统筹城乡发展做出积极贡献。

1. *理顺管理体制，迅速构建基层红十字会组织建设平台*　总体而言，村两委成员及所有党员应带头加入红十字会小组，成为村红十字小组的第一批会员，认真实行履职问责制度和目标责任考核制度，强化落实红十字小组的工作责任制。以淮安市淮阴区为例，2011 年，该区与组织部联合下发了淮组通〔2011〕25 号《关于加强全区红十字会基层组织建设意见》的文件，召开了组织委员工作会议，部署红十字会基层组织建设重点工作。通过努力，机关红十字会由机关工委牵头，60 个成员单位于 10 月份召开了第一次会员代表大会。各乡镇（村）组也按照红十字会规范要求，召开乡镇红十字代表大会，健全组织机构。截止到目前为止，机关、21 个乡镇、251 个村组（含园区）、12 个街道（社区，含工业园区）已全部完成基层红十字会组建工作，红十字基层组织建设实现城乡全覆盖。今年 6 月，淮阴区又出台淮组通〔2012〕31 号《关于进一步加强全区红十字会基层组织规范化建设工作的通知》，要求充分发挥红十字会员和志愿者的骨干作用，积极开展防灾避险、初级卫生救护培训和普及健康知识等体现红十字特色的活动，宣传“人道、博爱、奉献”的红十字精神，提倡互尊互帮、扶危济困的良好风尚，拓宽红十字会在农村乡镇（村）工作领域，促进新农村建设，并以此促进农村乡镇（村）红十字会组织建设工作。

2. *加强自身建设，提高履职能力*　定期、不定期地组织乡镇红十字会副会长、秘书长参加各级红会举办的业务知识培训班，通过系统培训，使红十字会专兼职干部自身理论素养在短时间内得到极大的提高。选送专职干部参加省、市红十字会举办的各种业务知识培训。在单位内、外设置宣传栏，制度上墙，把宣传红十字会“两法”作为有力保障。加强部门之间的对外协调，争取各单位和社会各界支持。研究制定《红十字会募捐管理办法》等相关文件。从制度上规范工作行为。逐步建立和完善信息公开、重大事项理事会研究讨论等相关制度，公开、透明工作程序，强化自我监督机制，提高服务能力，树好自身形象。在广泛建立红十字基层组织网络的基础上，我们通过宣传，制定制度，落实责任，纵向发展红十字会员和志愿者，把更多有爱心的人士发展到红十字队伍中来；横向发展团体会员单位，陆续发展医院、学校等作为红十字基层组织的团体会员单位，壮大队伍，增强实力。

3. *加强服务平台建设*　服务平台是红十字会基层组织工作的重要依托，要积极争取党委、政府和社会各界的支持，努力推动将红十字会基层组织建设纳入本地区经济社会发展规划或本单位精神文明建设规划中。积极建设红十字（志愿）服务站、红十字之家、博爱超市、博爱卫生院（站）等服务平台，鼓励探索建立形式多样化、覆盖面广的活动载体和服务平台。

二、建立开放式、社会化的农村乡镇红十字会运行机制，广泛动员各方面力量共同推进农村乡镇红十字事业

以参与新农村建设为契机，以体现红十字特色的活动为依托，以红十字会员和志愿者为骨干，重点要培养一批起示范作用的典型，积极开展防灾避险、初级卫生救护培训和普及健康知识等工作，宣传人道、博爱、奉献的红十字精神，提倡互尊互帮、扶危济困的良好风尚，拓宽红十字会在农村乡镇（村）工作领域，促进精神文明建设。

1. *深入开展备灾救灾救助工作*　根据自然灾害和突发事件的具体情况，按照《中国红十字会自然灾害和突发事件救助规则》，大力开展社会募捐活动。在广大农村提倡团结互助、扶危济困、平等友爱的社会风尚，培育和优化慈善意识，使慈善捐助真正成为公众的自觉行动。

2. *强化救助体系，尝试建立红十字互助基金*　为弱势群体排忧解难是红十字会的一项重要任务，这个问题在农村社区更加突出。开展多形式、多渠道的救助、帮扶工作，对稳定农村社会意义重大。可以尝试以一个乡镇或一个村居为单位，建立红十字互助基金，号召广大农民互伸援手，把个人有限的爱心捐助集中起来，帮助遭遇意外

的困难家庭。

3. 拓宽服务渠道，强化扶贫项目建设　在红十字服务新农村活动中，红十字会不应以单一的“输血型”人道援助为目的，做一个募捐资金的转移工具，仅仅简单地把救助资金发放了事。红十字会需要多方协调、多方联系，开动脑筋，发挥红十字会本身的优势，取得有关单位的支持，做有红十字会特色的医疗服务下乡、文化教育下乡、技术培训下乡。整合资源，扶持农民群众开展投资少、见效快的致富项目。使农民种田懂科技、打工有技术，整体提高农民生产素质，促进农民增收，将过去的“依赖型”扶贫改变为“自立型”扶贫。

4. 开展形式多样的宣传活动　现阶段，宣传应主要突出《红十字会法》和有关的法律法规、红十字运动的基本知识的宣讲，使人们逐步加深对红十字会宗旨、职责、作用、精神的认识。红十字会要多方开拓宣传阵地，以传统的宣传栏、报刊、电视为基础，逐步向互联网、户外广告等媒体传播方式扩展。借助专业的传媒机构，打造红十字品牌，树立良好的社会形象。通过树立在红十字活动中出现的先进典型，扩大红十字会的社会影响力。逐步建立红十字会扎根新农村、建设新农村，关注民生疾苦、无私奉献的形象。

5. 强化思想道德和文化建设，提高农民思想文化素质　应努力协调社会各界的力量，强化农村思想文化建设，提升红十字在新农村建设中的软实力。整合城乡资源，加大投入力度，积极援建基层卫生站（所）、农家文化小院、红十字书屋等农村文化活动阵地。以“红十字关爱进农家”活动为载体，以村委会和现有的服务站、卫生站、红十字文化活动阵地为平台，广泛开展宣传和培训活动。一是扎实开展群众性的防灾避险、自救互救技能及卫生健康知识培训，增强防病意识，改变不良卫生习惯，改善家庭卫生环境，倡导科学文明的生活方式。二是传播红十字基本知识，开展造血干细胞捐献、无偿献血、艾滋病预防、遗体捐献等科学知识的宣传普及活动。三是加强农民思想道德、社会公德、家庭美德、个人品德教育，弘扬“人道、博爱、奉献”

的红十字精神，开展优秀红十字会员、志愿者、博爱村居、爱心家庭、爱心村民等“评先树优”活动，倡导农村文明新风。

6. 强化村居公益设施建设，改善农民生存环境，改变农村现有面貌　按照“群众需要、符合实际、整合资源、逐步推进”的原则，积极参与改造村容村貌，推动“四改”（改水、改厕、改灶、改圈）进程，加快“四通”（通路、通电、通自来水、通有线电视）步伐，实现“四化”（硬化、亮化、绿化、美化）目标，提高农村公共服务水平，优化村居环境，提升农民生活质量。

三、结合当前农村实际，以参与新型农村合作医疗和医疗救助工作为切入点，把红十字会工作逐步深入到农村，为建设社会主义新农村贡献力量

红十字会“宽泛救助理念，拓宽筹资渠道，开展募捐、与医疗机构合作、药品医疗器械赞助、为贫困农民优惠诊疗以及乡村医生培训等多种形式参与新型农村合作医疗救助活动”。当前，红十字会参与新农合及医疗救助的方式主要应从以下几方面入手：

1. 组织社会募捐，建立红十字会农村医疗救助金　红十字会参与新型农村合作医疗可以弥补政府补助不足，改善贫困农民的生活状况，缓解社会矛盾，促进社会的和谐发展。目前，全国 31 个省、自治区、直辖市及新疆生产建设兵团都有参与新农合及医疗救助试点县。开展试点工作的地区，农民医疗负担有所减轻，看病就医率有所提高，因病致贫、因病返贫的状况有所缓解。目前，应加大募捐宣传，提高救助力度，使受助群众能收到更好的医疗卫生服务。

2. 对乡村医生再培训，建立博爱卫生站，改善农村医疗条件　2005 年，国务院就发布了《乡村医生从业管理条例》，要求乡村医生至少每两年接受一次培训，参加一次考核。但从目前乡村医生培训的方式和渠道看，主要是县级卫生部门组织的培训，而这类培训一般都是收费式、强制性的，虽然很多医生都觉得自己的医术需要提高，希

望参加，但由于经济困难，很难投入资金和时间学习。2006年，中国红十字基金会联合中国乡村医生培训中心等国家级医疗培训机构及关心中国农民医疗卫生条件改善的企业共同推出“万名乡村医生培训计划”，以实际行动帮助贫困地区的乡村医生提高医疗防疫水平，改善农民的医疗卫生条件，促进新型农村合作医疗体系的建设。目前，已在北京、重庆、太原等地已经组织了3期乡村医生培训班。2007年启动的“健康新村工程”，将在贫困地区建设100所农村博爱卫生站，培训200名乡村医生，资助开展医疗救助与新农合结合的课题研究。各级红十字会都应该积极行动起来，努力完成好这项工作。

四、认真总结在农村乡镇建立红十字组织的新经验，逐步加强农村红十字会的工作

长期以来，红十字会从事行善积德的公益事业，为捐赠人和受助对象搭建了救助平台。近几年，社会各界对公益事业的认可和参与度越来越高，红十字会已成为国内诸多公益组织中筹集善款最多的慈善组织。作为既承载社会爱心又连接受助群体的公益组织，红十字会承担的责任越来越重，所面对的社会要求越来越高。社会变迁为红十字事业提供了前所未有的发展机遇。我们要不断总结经验，围绕以下几个方面做好农村乡镇的红十字会工作。

1. 开展备灾救灾工作　严格按照《中国红十字会自然灾害和突发事件救助规则》的有关规定，积极协助当地政府做好救灾工作，及时发现灾情、收集资料并向上级红十字会汇报灾情。请求上级红十字会进行援助。

2. 搞好社会救助和社区服务工作　结合农村生产、生活实际，为老、弱、病、残等弱势群体做好志愿服务工作；对遇到突发事故、患重大疾病的特困家庭，发动群众募捐，进行互帮互助和自救互救；完成好上级红十字会安排的其他社会救助任务。

3. 做好卫生防病知识的宣传普及和卫生救护工作　协助上级红

十字会对农机驾驶员、电工、建筑工人、中小学生等高危人群，进行初级卫生救护培训；组织群众参加意外伤害和自然灾害的现场救护。

4. 做好红十字青少年工作　在农村中、小学校开展创建红十字标准学校、示范学校活动，开展有益于青少年身心健康的活动，促进青少年的健康成长。

5. 依法参与和普及农村无偿献血活动，搞好造血干细胞捐献的宣传和发动工作，并纳入精神文明建设和创建和谐社会活动中。

6. 利用红十字会报刊和其他宣传形式，认真宣传红十字法律法规，弘扬社会新风　每个乡镇红十字会要有至少一处固定的宣传阵地，村级要设立红十字宣传栏。

7. 大力发展会员和志愿者队伍　各级红十字会要加强基层组织中的会员和志愿者制度建设，要大力发展团体会员，团体会员要按时交纳会费，认真履行职责；积极探索个人会员分类管理的有效途径，做好会费收缴工作，争取社会各界人士参与和支持红十字会工作。要加强志愿者队伍建设，强调服务意识，规范管理制度，加强志愿者骨干的培训，建立激励机制。要建立会员和志愿者注册制度，规范对会员和志愿者的服务、管理、组织、培训和使用，在提高服务质量和发挥作用上下工夫，努力使会员和志愿者队伍形成合力。

8. 健全运行机制　一是要健全组织体系，促进理事会成员结构合理化；二是要明确理事会在制定工作目标、落实重要任务、研究财务预算等重大问题的决策作用；三是要定期召开有志愿者、捐赠者、受益人参加的联系会议和会员代表会议或会员代表大会，实行民主管理制度；四是要建立信息公开制度，定期把红十字会组织的重点工作、活动开展情况、筹资和资助情况、会费收缴和使用等信息向会员和志愿者公布，把会员和志愿者对红十字会工作和事务的知情权、参与权、监督权落到实处。

（作者单位：淮安市淮阴区红十字会）

红十字青少年工作在高校中的创新探讨

单陶峻

上百年来，红十字组织一直在世界各地人们心目中占据着最权威、最具分量的人道组织地位。近年来，个别事件对中国红十字会在国人心目中的良好形象产生明显冲击，这一方面需要中国红十字会运用危机管理的同时进行管理体制的改善[1]，另一方面也需要加强创新。2012 年 7 月 10 日，国务院印发《关于促进红十字事业发展的意见》，明确中国红十字会是法定机构，是人道领域的政府助手，进一步提出各级政府应“着力推进红十字事业改革创新[2]。”这就要求红十字会不仅要以透明廉洁的形象展示于世，也应以朝气蓬勃的创新昭示自己的活力，增强对更多的人，尤其是青少年投身于红十字运动的吸引力。无疑，红十字青少年工作本身就成为最需要创新的一个部分，然而有关这方面的学术研究几乎还处在空白状态。

红十字青少年是红十字运动的一支重要力量。截至 2011 年底，在中国各级红十字会的 2658 万名会员中有 1775 万名是青少年会员[3]。在学校，在社会，他们开展了大量有意义的、卓有成效的人道主义活动[4]。《中华人民共和国红十字会法》规定，“开展红十字青少年活动”是红十字会履行的七项职责之一[5]。而红十字青少年主要工作包括红十字运动基本知识传播、红十字志愿服务、救护知识普及和救护员培训、自愿无偿献血和捐献造血干细胞、预防艾滋病和青年同伴教育、国际和地区间的交流与合作等六个方面。但在这些主要工作上，做得并不均衡，有的工作虽然已经做得相对充分，如红十字志愿服务、救护知识普及和救护员培训、自愿无偿献血和捐献造血干细胞、预防艾滋病和青年同伴教育这四项工作，却仍有巨大的创新空间可以发展。而红十字运动基本知识传播方面相对欠缺，甚至一些已经加入红十字会的会员尚不了解；在国际和地区间的交流与合作上，红十字青少年也远未成为一支重要力量，这其中固然有各种因素，但创新不足确实是不可忽视的一个原因。

一、红十字青少年工作在高校中有着丰富的创新源泉

事实上，中国红十字青少年工作的创新，尤其在高校中的创新，不仅是一个十分具有活力的实践课题，也是一个颇具研究价值的理论课题。中国红十字青少年工作在高校中的创新主要有三个方面的来源。

（一）不断解读与时代发展相契合的红十字内涵是创新的不竭源泉

任何一个事物，无论它出现时有多么强大，或曾经多么辉煌，都无一例外地要接受时间的检验，红十字历经百年，在上百个不同政治、民族、种族、宗教和文化的国家立稳脚跟，说明红十字理念和宗旨得到广泛认可。尽管如此，我们尚不能说红十字理念和宗旨已经深入人心，在特定时代和特定国家背景下，红十字理念和宗旨既需要保持自己独立性，又需要找到与时代发展最强音的谐振点；在用红十字的宗旨解读时代的同时，也要学会用时代的语言来表述红十字的内涵，使红十字宗旨和精神得到更多人的认知和赞同，并进而投身于红十字运动。这种解读本身就是一种创新，作为智力密集存在的高校应勇于担当起这个创新的重任。而解读又可能会给红十字工作创新提供内容和方式，使红十字永葆活力。

（二）数量巨大、朝气蓬勃的在校大学生是创新持续性的强大基础

我国目前有 2700 多所高校、3000 多万在校生，居世界第一[6]。而且由于文化原因和以往教育政策的惯性，数量如此巨大的大学生大多数年龄集中在青年中期（18～24 周岁），并具有以下三个鲜明特

点。一是自我概念显著增强，大学校园相对宽松自由，提供了独立成长的充分空间，大学生在较大的程度上能够自由安排生活学习；其具有的较高文化素质，又使他们对社会上的事有着自己的独特见解，特别是能够抛开个人利益，注重整个社会的提高与进步。二是抽象逻辑思维能力得到充分的发展，智力水平大大提高，分析问题解决问题的能力增强，其智力层次含有较多的社会性和理论色彩。三是迫切希望参与社会，他们不仅在校园里关注和批判各种社会现象，并希望自己加入其中，按照自己的想法去改变各种令人不满意的状况，把自己的知识技能服务于社会，体现自己的力量，实现自身的价值。尽管受生活阅历限制，思想未必成熟，实践能力也未达到社会职业人的水准，大学生以上这些特点已经足够让他们有热情、有能力、有成效地开展创新活动，特别是类似服务社会、服务弱势群体的红十字会等组织的创新活动。

（三）资源广阔、成员同质化程度较高的高校红十字会是集体创新的有力保障

除了学生的发展程度等级和性质不同，高校和中小学还有一个非常显著的差别，就是高校具有十分广阔的人才、学术和实践资源，并且能够相对容易地挖掘和使用各种其他社会资源来为一个目标服务。另一方面，高校红十字会中的学生分会（以下简称高校学生红会）是最主要、最活跃的力量，其成员年龄相近，经历相仿，而年级和学科专业不同，他们聚集在一个有着明确目标的红十字组织里，很容易碰撞出新的思维火花，提出富有创造性的建议，并在集体研究中不断完善成熟。成熟的方案又会在丰富的资源下得到实施和完善，为下一次创新积累经验。

二、红十字青少年工作在高校中的创新广泛而深刻

2012 年 8 月，中国红十字主动接受国际红十字会和红新月会国际联合会的组织能力评估，评估结果显示出中国红会存在着系统治

理结构不畅、工作效率不高、对志愿者的管理不畅、宣传倡导不够等四个比较大的问题。中国红十字会常务副会长赵白鸽认为，中国红十字会未来有六大改革任务，包括调整战略定位，整顿治理结构，建立专业服务的人才队伍，邀请社会中立人士和机构参与对红十字工作的监督与评估，加强红十字会的财务管理和品牌管理[2]。这些任务的实现与高校红十字青少年工作的开展和创新都有密切的联系。

（一）创新工作内容，拓展高校红十字青少年工作的领域

1. 广泛、全面而高效地传播红十字运动基本知识　红十字运动基本知识传播本是红十字工作任务的一部分，但在普遍传播不畅或传播效果不理想的背景下，广泛而高效地宣传红十字运动基本知识也成了一种创新。首先，要广开红十字运动基本知识传播的途径，努力影响更多人。就当前红十字知识宣传的实际途径来说，无论是中小学还是高校，都仍然基本上局限在校园内部。公众对红十字的了解大多来自红十字组织的志愿服务和赈灾活动，而非红十字运动基本知识传播，这事实上间接阻碍了公众对红十字运动的参与。高校红十字会应当和地方红十字会紧密联合起来，通过各类媒介，特别是村庄、社区活动和丰富多样的网络形式，以各类公众群体的接受能力介绍层次深浅不等的红十字运动基本知识，努力做到深刻地影响更为广泛的社会公民。其次，红十字运动基本知识的传播应当注意全面性。必须在传播中对“国际红十字会与红新月运动”、中国红十字会、中国红十字基金会等机构的名称、性质进行区分，明确红十字运动七项基本原则和中国红十字会宗旨的关系。这一点向来不为重视，在红十字会员和骨干中，能够清晰把握其脉络的人寥寥无几。而明确这些内容恰恰是界定中国红十字工作以及红十字青少年工作的基本框架，缺少这个框架，创新则无立锥之地。红十字运动基本知识的传播不可偏颇，不可隐瞒，只有全面的介绍，才能真正让红十字精神深入人心。

2. 协助做好中小学红十字会的指导　无论是从中小学的紧张师

资情况，还是从地方红十字会极其有限的人力来看，中小学红十字会的指导力量欠缺都是一个非常明显的问题。而高校红十字会的学生分会完全可以作为一个组织参与到对中小学红十字会的指导中来，这种指导并非一定是工作上的指导，而更多体现为与中小学红十字会结对共建，共同开展活动，或帮助他们开展具体的红十字活动。如此既解决了高校学生红会的任务“吃不饱”的问题，也提高了中小学红十字工作水平。

3. 大力加强红十字标识规范使用　红十字组织本身拥有一套独立的视觉识别系统，它是红十字组织走向整体化、形象化和系统管理的重要实现方法。通过这个视觉识别系统，公众能够体认红十字，进而了解其精神，更易对红十字产生一致的认同感或价值观，从而达到良好红十字形象广泛树立的目标。但在基层，包括各高校的广泛使用中，红十字标识规范的执行并不理想，自行制作红十字标识形象的随意性依然存在。高校红十字会应当加以重视，既要肃清校园内所有非规范使用的红十字标识，也要组织作为红十字会员的大学生在当地的街区寻找、报告和纠正不规范的红十字标识使用行为，促进红十字标识的统一展示和形成红十字统一管理的良好形象。

（二）创新工作模式，提升高校红十字青少年工作水平

1. 以建立项目招标制为核心，充分发挥高校学生红会的智力资源　相比较中小学生，大学生不仅具有丰富的想象力，更具良好的策划能力、执行能力和分工合作能力，高校学生红十字会集体申报的成熟项目基本上可以直接执行，这一点已经为近几年高校学生红十字会实践所明证。但同时也反映出另一个问题，高校学生红十字会在项目主题上的选择有惊人的趋同性，尽管这在一定程度上反映社会发展的共同面，但也显示出大学生在主题选择上有一定的视野局限。如果由省级红十字会在广泛调查研究的基础上，明确若干主题或项目框架及一定的限定条件，然后向各高校学生红十字会公开招标，不仅可以弥补这一局限，而且可以使大学生在选择时以更宽的视野和更高的角度去考量所有项目背景。这对于高校学生红十字会的工作将有极大促进,即使未能中标,投标本身也是一种很具价值的学习过程。项目实施方案的多方投标并不意味着鼓励追求标书框架结构的新奇,相反,省级红十字会应当对标书的框架结构作出必要的科学严谨的规定,以确保能够显示出信息全面的内容。如澳大利亚红十字会与广西红十字会合作的 CBDP 项目(农村社区为本备灾项目)就要求项目的规划结果最后主要以项目建议书、项目执行模式、逻辑框架表以及项目计划书来表现[7]。在相同的框架下,高校学生红十字会要学会以更优化的模式、更低廉的成本、更合理的组织来争取上级红十字会的投入,这也为今后红十字组织与其他慈善团体的竞争打下良好的基础。

2. 以健全项目监督制为契机,大力加强对高校学生红会的日常指导　高校学生红会中标项目在实施过程中,需要改变直到项目终了才听取报告的做法,加强项目实施过程的监督。把上级红会监督和各高校红会联合监督结合起来,把聘请独立人士监督和红十字组织监督结合起来,把专人监督和临时抽查结合起来,把有当期项目的高校红会派员监督和无当期项目的高校红会派员监督结合起来,以监督促进项目做优,以监督保证项目完成的质量,以监督提高高校学生红会的工作水平。

3. 以完善项目报告制为重点,逐步建立高校学生红会的考核机制　目前,高校学生红会基本是作为一个社团在高校中存在,没有比较严格的考核机制,这也造成各高校学生红会表现有较大差异的现象。针对此状况,完全可以将相关工作按照一个个项目来进行考核,每年固定时间进行现场报告考核。对中标上级红会活动项目的,还要根据标书中规定的基本条件和中标时的承诺,对完成项目的高校学生红会进行专项考核。高校学生红会并不是经营机构,考核结果并非可以形成扣除最终核报其项目经费的依据,但可以形成对他们工作能力的评价。同时也可以组织各高校学生红会负责人分组参与到考核中来，在考核中了解自己与其他红会组织的优势和差距。

4. 以落实社会调研制为抓手，建立省级红十字会的动态数据库

总体来说，社会调研在红十字工作中是相对较弱的部分，但做好红十字工作离不开充分的社会调研，遍布大江南北的高校学生红会完全可以承担起这个任务。在具体的调研方向上，应当把相对弱势的社会群体作为主要调查对象，以了解他们的生存状态及需求为主要内容，坚持长期开展调研，勾勒出诸个弱势群体的各方面发展趋势，并整理成省级年度数据库，为红十字工作决策提供有力参考。

（三）创新管理方式，增强高校红十字会成员的幸福感

高校学生红会是以红十字精神将志愿者吸引到一起的，但作为一个长期存在并开展经常性活动的红十字组织，只靠红十字精神是远远不够的。最重要的，它还需要为自己的成员创造在组织中的幸福感。幸福感从何而来？从大学生这个群体来说，大体上来自三个方面：得到尊重、感受公平、充分体验个人的价值存在[8]。红十字管理方式的创新，也必须围绕这三个方面开展。

1. 改革高校学生红会的管理制度　要防止高校学生红会成为一个行政性过强的机构，甚至成为官僚机构，形成扁平化的工作架构是相对较优的一个选择。让每一个志愿者能够相对方便地找到各级负责人并与之交流，这可以使他们更易感受到尊重。另一个措施，所有重要岗位，包括红十字会负责人、财务管理负责人等实行选举制[9]，所有会员每人一票，让会员受到尊重的同时，使被选举人感受自己责任所系。

2. 建立相对公平的任务分配体系和志愿者评价标准　既然是自愿参加到红十字组织，大学生红十字会员一般并不会计较任务量的轻重多少，但“不患贫，而患不均”，如果高校学生红十字会因此随意派发任务，长此以往，定将挫伤人心，削弱成员和组织服务的意愿与活力。因此建立相对公平的任务分配体系是十分必要的，这也是当前多数高校学生红会应当重视的地方。同时也需要建立和公开对志

愿者的分期评价标准,使每一个志愿者从加入红十字组织开始,就接收到明确的评价方向指引信号,在在这个方向的指引下为红十字事业奉献自己的力量。

3. 鼓励高校学生红会形成各具特色的专业志愿者队伍　在高校学生红十字会中,要使每一个成员感受到自己独特的价值存在,除了根据其性格安排合适的岗位,最重要的就是要形成专业志愿者队伍,专业志愿者可以与其所学专业直接相关,也可以与其特长挂钩。并且应当安排专人来带领各个专业志愿者队伍,不断培养和强化专业志愿服务的能力,以使这支队伍在需要的时候,稍作对服务对象的适应就能立即上岗。各高校及其学生红十字会都有各自特色,专业志愿者也无需面面俱到,平均一个高校学生红会如果能拥有 2～4 支成熟的专业志愿者队伍,对于一个省来说,这样的志愿服务资源将足够强大和丰富。

(四) 以指导与高校有关的民间慈善组织为发端,激励和培育中国慈善事业

自 1993 年中国青年政治学院设立国内第一个系级"社会工作"专业教育机构以来[10],慈善事业就没有脱离过这个专业的视野,广大社工专业的师生有着极高的热情促进中国慈善事业的发展。在这个人群中,红十字会员的比例也明显较一般大学师生更高。这个专业所培养的毕业生乃至在校生中,不少人加入了为现有慈善团体服务的行列,而且有为数不少的人正在构思甚至在具体筹划新的慈善团体。红十字组织一方面可以积极邀请有丰富专业经验和技能的资深教师作为独立第三方人士对红十字工作进行监督;另一方面应当抓住这个难得的机遇,主动为这些民间慈善组织的筹划和运转提供力所能及的指导和帮助,包括通过自己的渠道,为他们与其他国家同类慈善组织取得联系,促进它们之间的交流,为民间慈善团体成长和发展助一臂之力。在未来的中国,红十字旗下独立的基金组织也许会与民间慈善组织有竞争,但更多的将是合作与共生;每多一个民间慈善组织，也必将更有利于慈善理念在公众中的内化，这是中国现代化发展过程中不缺少的软件部分。

青少年红十字工作远不只是高校德育的一个“容器”[11]，它所能号召的力量和所能发挥的能量也远未达到充分挖掘的程度。红十字青少年工作在高校的创新任重而道远，需要中国红十字会总会、地方红十字会、高校红十字会和广大大学生红十字会员付出长期不懈的努力，而这些努力终将回报以更加完善、更加健康和更具影响的高校红十字运动和中国红十字运动。

参考文献：

[1] 杨红星，郑红艳. 中国红十字会信任危机背后的体制根源[J]. 理论导刊，2012(2)

[2] 魏铭言. 红十字会改革的曲线路径. 新京报[N]，2012－10－29

[3] 中国红十字简介[EB/OL]，http://www.redcross.org.cn/hhzh/zh/hsigk/hszjs/201202/t20120206_813.html

[4] 吕志茹，池子华. “复员时期”中国红十字青少年运动简论[J]. 河北大学学报(哲学社会科学版)，2006(3)

[5] 中华人民共和国红十字会法[EB/OL]，http://www.gov.cn/banshi/2005－08/01/content_18932.htm

[6] 刘延东. 全面提高高等教育质量[EB/OL]，http://news.xinhuanet.com/2012－03/23/c_111696774.htm

[7] 何保霞. 国际发展项目管理浅析——以广西红十字会项目为例[J]. 今日南国，2008(10)

[8] [美]菲利普·津巴多，迈克尔·利佩，态度改变与社会影响[M]. 北京：人民邮电出版社，2007. 299－304

[9] 李永清. 香港红十字会公信力长盛不衰的原因[J]. 中央社会主义学院学报，2012(6)

[10] 我国 1980 年后社会工作的发展状况[EB/OL]，http://blog.sina.com.cn/s/blog_6c1c5a2c0100msde.html

[11] 张雪松. 论红十字会工作在大学生德育中的重要作用[J]. 教育与职业，2009(4)

(作者为南京人口管理干部学院校团委副书记)